実務家による改正法シリーズ①

改正
相続法
の解説

大阪弁護士協同組合 編

発刊にあたって

　平成30年7月6日，民法及び家事事件手続法の一部を改正する法律（平成30年法律第72号）が成立しました（同年7月13日公布）。

　近年，債権法分野において，民法制定以来の大改正が実施されており，相続法に関しても昭和55年に改正されて以降，約40年ぶりの大きな改正となります。

　今回の改正の主な内容としては，配偶者居住権の創設，自筆証書遺言の方式緩和，法務局における遺言書の保管制度の創設，遺留分制度の見直し等，実務に大きな影響を与えるものであり，実務家あるいは相続に関心のある方は当然知っておかなければならないものとなっています。

　大阪弁護士協同組合としては，実務に影響があり，また，社会の関心の高い法律改正をフォローし，実務に携わる人たちに役立つ書籍を発行したいとの強い願いをもっておりましたところ，今般，大阪弁護士会法制審議会民法相続関係部会バックアップチーム委員のメンバーとしてご活躍された弁護士の方々から原稿執筆のご快諾を得ることができました。そして，当協同組合出版委員会第2部会の委員と編集会議を重ね，共同して作り上げた書籍となります。ぜひ，みなさまの「基本書」としてご活用いただければ幸甚です。

　末筆ながら，本書の編集・校正にご尽力いただいた株式会社ぎょうせいの稲葉輝彦様には心からお礼申し上げます。

　本書が実務に携わる多くのみなさまに幅広く利用されることを願って，本書発刊にあたってのご挨拶とさせていただきます。

2019年（令和元年）7月

大阪弁護士協同組合

理事長　大砂　裕幸

はじめに

　相続とは，人の死亡による権利義務の承継である。人は必ずいつか死ぬが，権利義務は残る。しかし死者には人格はないので，なお消滅せずに残る権利義務は誰かが承継することになる。債権法は権利義務自体の発生，移転，消滅などの運命を規律するが，相続法は，人という主体の消滅による権利義務の承継を規律する法規範である。したがって，相続法は，家庭内の法律ではない。権利義務は社会性を持つものであり，利害関係を有する第三者が多数存在する。にもかかわらず，従来の改正は相続人，相続分など家族内での資産の配分に関わる部分が主であった。しかし，2018年7月の改正は，相続による包括承継，遺留分，遺産の範囲など相続の法的性質を再検討し，相続と第三者の法的地位との関係を明確にし，遺言の利用促進をも視野に入れた全面改正という点で，その範囲は，1980年の改正は言うに及ばず，家督相続の廃止にとどまり遺産相続ルールについてはほとんど手がつけられていなかった戦後の民法第4編・第5編の改正を大幅に上回っており，明治以来120年ぶりの大改正となった。すなわち，現行法は，内容面においても，「家」の財産の分配法から，個人の意思決定による個人資産の承継法へと大きく舵を切ったものと評価できる。

　2018年7月に成立した現行相続法は，その大部分が2019年7月1日から施行された。配偶者居住権及び配偶者短期居住権の新設等については2020年4月1日から，自筆証書遺言の保管制度については同年7月10日から施行される。

　今回の改正は，①生存配偶者の居住権の保護，②遺産分割等に関する見直し，③遺言制度に関する見直し，④遺留分制度に関する見直し，⑤相続の効力等に見直し，⑥相続人以外の者の貢献の考慮と，その対象とする内容は，以下の通り，非常に広範囲に及んでいる。

　①生存配偶者の保護として，所有権と切り離した建物居住権という法定の債権が新設された。これにより生存配偶者が従前通りの居住を継続するための新たな選択肢が生まれた。

　②遺産分割については，相続財産から逸出した財産を遺産分割手続に組み入れる方法を認め，他方で遺産の一部の分割を可能にした。これらは，現存

する相続財産のみを対象とする一方で，まず遺産全体を確定した上で分割するという旧法の構造を改め，当事者の意思により遺産分割の範囲を定めることを認めるものである。

　③遺言については，方式の緩和と国家機関による保管制度の創設により自筆証書遺言の利用をサポートし，他方で遺言執行者の権限を明確にすることで，死後の遺言の実現を制度的に担保した。

　④遺留分については，遺留分権者の権利を金銭債権とすることで，対象財産を受遺者等が確実に取得できるようにし，遺留分により遺言者の意思の実現が妨げられないようにした。

　⑤相続の効力については，法定相続分を超える取得に対抗要件を要することとして，「相続させる」遺言の第三者に対する効力を制限し，相続財産の権利関係の公示を要求することで，取引の安全との調和を図った。

　⑥相続人以外の療養看護についての貢献の考慮は，現時点の明文では親族に限定されているものの，将来的には内縁配偶者や同性パートナーなどの寄与に拡大される可能性を残した。

　このような相続法の改正は，弁護士実務にも大きな影響を与える。遺産分割協議，遺言の作成，遺言の執行，遺留分侵害額請求，いずれをとっても旧法下とは全く異なる戦略が必要となる。家庭裁判所の遺産分割実務においても，訴訟解決の先行を求められる事案が減少し，早期の解決が見込めることは疑いないであろう。

　現行法は，結果的に，①財産の承継については個人の自由意思を尊重し，②相続の内部関係については，具体的相続分の確保による共同相続人間の公平を維持しつつ，遺産の一体性拘束性を緩和し，③相続の外部関係については，第三者への影響を最小限にとどめることを指向したものとなった。核家族化・少子化を背景に，人は血族による家族共同体の一員としてではなく，1人で人生を完結する時代となっており，家産の承継から個人財産の承継へのパラダイムの転換は，まさに時宜を得た法改正であるといえる。

　本書が実務のよき指針となれば，幸いである。

2019年（令和元年）7月

弁護士　増田　勝久

目　次

発刊にあたって

はじめに

第1章　配偶者の居住の権利 …………………………………………… 1

第1　配偶者居住権 ……………………………………………… 4

・第1028条（配偶者居住権）　4

　　1　新設の趣旨・5　　2　新設の概要・5　　3　新設の内容・6

　　4　実務上のポイント・10

・第1029条（審判による配偶者居住権の取得）　10

　　1　新設の趣旨・11　　2　新設の内容・12

・第1030条（配偶者居住権の存続期間）　12

　　1　新設の趣旨・12　　2　新設の内容・13

・第1031条（配偶者居住権の登記等）　13

　　1　新設の趣旨・13　　2　新設の内容・13

・第1032条（配偶者による使用及び収益）　15

　　1　新設の趣旨・15　　2　新設の内容・15

・第1033条（居住建物の修繕等）　17

　　1　新設の趣旨・17　　2　新設の内容・18

・第1034条（居住建物の費用の負担）　18

　　1　新設の趣旨・18　　2　新設の内容・19

・第1035条（居住建物の返還等）　19

　　1　新設の趣旨・19　　2　新設の内容・20

・第1036条（使用貸借及び賃貸借の規定の準用）　21

第2　配偶者短期居住権 …………………………………………… 22

・第1037条（配偶者短期居住権）　22

　　1　新設の趣旨・22　　2　新設の概要・23　　3　新設の内容・23

i

・第1038条（配偶者による使用）　27

　　1　新設の趣旨・28　2　新設の内容・28

・第1039条（配偶者居住権の取得による配偶者短期居住権の消滅）　29

　　1　新設の趣旨及び内容　29

・第1040条（居住建物の返還等）　30

・第1041条（使用貸借等の規定の準用）　30

・附則第10条（配偶者の居住の権利に関する経過措置）　31

・【別紙】簡易な評価方法　31

　　1　建物の評価方法・31　2　敷地利用権の評価方法・32

第2章　遺産分割等に関する見直し …………………………… 37

第1　婚姻期間が20年以上の夫婦間における居住用不動産の遺贈又は

　　贈与 ………………………………………………………………… 37

　　1　改正の趣旨・37　2　改正の内容・38　3　実務上のポイント・38

第2　遺産分割前における預貯金債権の払戻し ……………………… 40

　　1　改正の趣旨・40　2　改正の内容・41　3　改正に至る経緯・41

　　4　「払戻し」の法的性質・42　5　実務上のポイント・42

第3　遺産分割前の預貯金債権の仮分割の仮処分 ………………… 45

　　1　改正の趣旨・46　2　改正の内容・46　3　改正のポイント・46

第4　遺産の一部分割 ………………………………………………… 47

　　1　改正の趣旨・48　2　改正の内容・49　3　実務上のポイント・52

第5　遺産の分割前に遺産が処分された場合の遺産の範囲 ………… 55

　　1　改正の趣旨・55　2　改正の概要・56　3　改正の内容・56

　　4　実務上のポイント（まとめ）・60

第3章　遺言制度の見直し ……………………………………… 65

第1　自筆証書遺言の方式緩和 ……………………………………… 65

　　1　改正の趣旨・65　2　改正の概要・65　3　改正の内容・66

　　4　実務上のポイント（まとめ）　68

第2　遺言書保管制度 ………………………………………………… 69

　　1　制定の趣旨・69　2　制定の概要・69　3　新法の内容・69

4　実務上のポイント（まとめ）・76

第3　遺贈義務者の引渡義務等 ……………………………………… 85

　　1　改正の趣旨・85　　2　改正の概要・85　　3　改正の内容・86

　　4　実務上のポイント・87

第4　遺言執行者の権限の明確化 …………………………………… 88

　　1　改正の趣旨・90　　2　改正の概要・90　　3　改正の内容・91

第4章　遺留分制度の見直し …………………………………… 99

第1　改正の概要 ……………………………………………………… 99

　　1　遺留分の金銭債権化・99　　2　遺留分義務者に対する期限の許与・

　100　　3　遺留分算定基礎財産に算入する特別受益の限定・100　　4　そ

　の他の遺留分算定方法の規定・100　　5　遺留分算定における債務の取扱

　い・101

第2　遺留分の帰属及びその割合 …………………………………… 101

　　1　改正民法と旧法・101　　2　改正の趣旨・102　　3　改正の概要・102

　　4　改正の内容・102　　5　実務上のポイント・103

第3　基礎財産 ………………………………………………………… 104

　　1　改正民法と旧法・104　　2　改正の趣旨・104　　3　改正の概要・104

　　4　改正の内容・104　　5　実務上のポイント・105

第4　基礎財産に算入する贈与の範囲 ……………………………… 106

　　1　改正民法と旧法・106　　2　改正の趣旨・106　　3　改正の概要・107

　　4　改正の内容・107　　5　実務上のポイント・111

第5　基礎財産に算入する負担付贈与の価額等 …………………… 112

　　1　改正民法と旧法・112　　2　改正の趣旨・112　　3　改正の概要・113

　　4　改正の内容・113　　5　実務上のポイント・117

第6　遺留分侵害額の請求 …………………………………………… 117

　　1　改正民法と旧法・117　　2　改正の趣旨・118　　3　改正の概要・119

　　4　改正の内容・119　　5　実務上のポイント・128

第7　受遺者らの負担額 ……………………………………………… 130

　　1　改正民法と旧法・130　　2　改正の趣旨・131　　3　改正の概要・131

　　4　改正の内容・132　　5　実務上のポイント・141

iii

第8 遺留分侵害額請求権の期間の制限 ……………………………… 141

  1 改正民法と旧法・141　2 改正の趣旨・142　3 改正の概要・142

  4 改正の内容・142　5 実務上のポイント・143

第9 その他 ………………………………………………………………… 143

  1 改正民法の対象となる相続の範囲・143　2 改正されなかった残さ

  れた問題・144　3 遺留分の放棄・144

第5章　相続の効力等に関する見直し ……………………………… 145

第1 共同相続における権利の承継の対抗要件 ……………………… 145

  1 改正の趣旨・146　2 改正の内容・147　3 実務上のポイント・

  148

第2 相続分の指定がある場合の債権者の権利の行使 …………… 149

  1 改正の趣旨・150　2 改正の内容・150　3 実務上のポイント・

  151

第3 遺言執行者がある場合における相続人の行為の効果等 ……… 151

  1 改正の趣旨・152　2 改正の概要・152　3 改正の内容・152

  4 実務上のポイント・154

第6章　特別の寄与 …………………………………………………… 157

第1 特別の寄与 ………………………………………………………… 157

  1 本条新設の趣旨・157　2 請求権者の要件・158　3 権利行使期

  間の制限・161　4 権利行使手続・162　5 遺贈との関係・162

  6 相続人が数人ある場合・162

第2 特別の寄与に関する審判事件 ………………………………… 162

  1 特別の寄与に関する処分の事件の法的性格・163　2 金銭支払請求

  の相手方・164　3 遺留分割の審判・調停手続との関係・164

事項別索引 ……………………………………………………………… 165

監修者・執筆者 ………………………………………………………… 169

第1章　配偶者の居住の権利

　被相続人の死後，生前から相続財産たる建物に居住していた配偶者の居住権を保護する制度が新設された。遺産分割や遺言等で配偶者に居住権を取得させる配偶者居住権と，遺産分割終了等から相当な期間まで無償で居住することができる配偶者短期居住権である。

　相続に伴う居住権の保護に関しては，共同相続人の一人が被相続人の許諾を得て遺産である建物に同居していたときは，特段の事情のない限り，被相続人と当該相続人との間で，相続開始時を始期とし，遺産分割時を終期とする使用貸借契約が成立していたものと推認されるとする判例（最判昭和41年5月19日民集20巻5号947頁，最判平成8年12月17日民集50巻10号2778頁）が存在し，これらの判例によれば，この要件に該当する限り，相続人である配偶者は，遺産分割が終了するまでの間の短期的な居住権が確保されることになる。しかし，前記の判例法理は，あくまでも当事者間の合理的意思解釈に基づくものであるため，被相続人が明確にこれとは異なる意思を表示していた場合等には，配偶者の居住権が短期的にも保護されない事態が生じ得ることになる。また，国民の平均寿命が延びたことにより，被相続人の死亡後，その配偶者が長期間にわたって生活を継続することも少なくない。

　このような現状を踏まえると，配偶者の生活保障を強化する観点から，配偶者が住み慣れた居住環境での生活を継続したいと希望する場合に，その意向に沿った遺産の分配を実現するための方策が必要になってきていると考えられる。旧法の下では，配偶者がこのような希望を有する場合には，配偶者がその建物の所有権を取得するか，あるいは，その建物の所有権を取得した他の相続人との間で賃貸借契約等を締結することが考えられる。しかし，前者の方法による場合には，居住建物の評価額が高額となり，配偶者がそれ以外の遺産を取得することができなくなってその後の生活に支障を来す場合も生じ得ることになる。また，後者の方法による場合には，その建物の所有権を取得する者との間で賃貸借契約等が成立することが前提となるため，契約

I

第1章　配偶者の居住の権利

が成立しなければ，居住権は確保されないことになる（部会資料2・1，2頁）。これらの問題の所在を踏まえ，前述の二つの法定の債権が新設された。

配偶者居住権と配偶者短期居住権比較表

	配偶者居住権	配偶者短期居住権
概要	遺産分割や遺言等で，配偶者が死亡するまで（別段の定め可），居住することができる。	遺産分割終了等から相当な期間まで配偶者が無償で居住することができる。
法的性質	債権（対抗要件あり）	債権（対抗要件なし）
成立要件	①相続開始時に相続財産である建物に居住（1028条1項） ②遺産分割，遺贈，死因贈与（同条1項1，2号）	相続開始時に遺産に属した建物に無償で居住していた場合（1037条1項） ただし，欠格事由があった場合や廃除された場合は発生しない（同項ただし書）。
権限	使用・収益（1028条1項）	使用のみ（1037条1項）
利点	・所有権より廉価の評価 ・持戻し免除がされる場合がある（1028条3項）。	被相続人が明確にこれと異なる意思を表示していた場合も適用される。
具体的相続分との関係	建物の賃料総合計額×存続期間中間利息額で評価する。ただし，当事者の合意がある場合は簡易な評価方法あり	無償（1037条1項）
範囲	全体（1028条1項）	居住部分のみ（1037条1項括弧書）
対抗要件	登記（所有者に登記義務あり）（1031条1項）	なし
妨害排除	登記を具備した場合は，妨害の停止及び返還の請求権あり（1031条2項）	なし

存続期間	終身（別段の定め可）（1030条）	①居住建物について配偶者を含む共同相続人間で遺産の分割をすべき場合は，遺産の分割により居住建物の帰属が確定した日又は相続開始の時から6か月を経過する日のいずれか遅い日（1037条1項1号） ②それ以外の場合は，同条第3項の申入れから6か月を経過する日（同2号）
譲渡	不可（1032条2項，1041条）	
管理義務	善管注意義務（1032条1項，1038条）	
所有者の承諾	改築，増築，第三者に使用・収益させる場合は，必要（1032条3項）	第三者に使用させる場合は，必要 （1038条2項）
修繕	使用収益に必要な修繕権あり（1033条1項，1041条）	
費用の支出	通常の必要費を配偶者が負担（1034条1項，1041条） 上記以外は使用貸借の規定を準用（1034条2項，1041条）	
居住建物の返還	共有持分がない場合，配偶者居住権が消滅した場合は返還義務が生じる（1035条1項，1040条1項）	
相続後に附属させた物がある居住建物，及び相続開始後に生じた損傷がある居住建物の返還をする場合	(1) ①収去義務あり。ただし，分離することができない物又は分離するのに過分の費用を要する物については，この限りでない（1035条2項，1040条2項。改正民法599条1項）。 ②収去することはできる（同改正民法599条2項の準用）。 (2) その損傷（通常の使用及び収益によって生じた耗並びに経年変化を除く。）を原状に復する義務を負う。ただし，その損傷が賃借人の責めに帰することができない事由によるものであるときは，この限りでない（1035条2項，改正民法599条1項の準用）。	

第1章　配偶者の居住の権利

使用貸借及び賃貸借の規定の準用	(1) 期間満了等による使用貸借の終了（改正民法597条1項及び3項）規定の準用 ①期間満了による終了（1項） ②配偶者の死亡による終了（3項） (2) 損害賠償及び費用の償還の請求についての期間の制限（同600条） (3) 転貸の効果（同613条） (4) 居住建物の全部滅失等による配偶者居住権の終了（同616条の2）	(1) 使用貸借における（配偶者の）死亡による終了（改正民法597条3項） (2) 損害賠償及び費用の償還の請求についての期間の制限（同600条） (3) 居住建物の全部滅失等による配偶者短期居住権の終了（同616条の2）

第1　配偶者居住権

〔新設　第1028条（配偶者居住権）〕

1　被相続人の配偶者（以下この章において単に，「配偶者」という。）は，被相続人の財産に属した建物に相続開始の時に居住していた場合において，次の各号のいずれかに該当するときは，その居住していた建物（以下この節において「居住建物」という。）の全部について無償で使用及び収益をする権利（この章において「配偶者居住権」という。）を取得する。ただし，被相続人が相続開始の時に居住建物を配偶者以外の者と共有していた場合にあっては，この限りでない。

一　遺産の分割によって配偶者居住権を取得するものとされたとき。

二　配偶者居住権が遺贈の目的とされたとき。

2　居住建物が配偶者の財産に属することになった場合であっても，他の者がその共有持分を有するときは，配偶者居住権は，消滅しない。

3　第903条第4項の規定は，配偶者居住権の遺贈について準用する。

1 新設の趣旨

本章の冒頭に述べたとおり，社会経済情勢の変化に鑑み，相続の開始時に相続の対象となる建物に居住していた配偶者の居住の権利を保護する目的で，遺産分割終了後の長期的な居住権を保護するために，新設された法定の債権である。

2 新設の概要

配偶者が相続開始時に居住していた被相続人所有の建物を対象として，終身又は遺産分割終了時から一定期間，配偶者にその建物の使用を認めることを内容とする法定の権利（以下「配偶者居住権」という。）を新設するものである。

配偶者は，その財産的価値に相当する金額を相続したものと扱うものとするが，その価値は当該居住建物敷地を取得した場合よりも少額となるので，配偶者居住権を取得した配偶者は，下記のとおり自宅での居住を継続しながら，他の財産も取得できることになる利点がある。

〔事 例〕

相続財産　自宅（2000万円），預貯金（3000万円）
相続人　　妻と子であった場合
①　旧法
妻が自宅（2000万円）を取得する場合は，
預貯金は500万円（5000÷2－2000）しか取得できず，
生活費が不足して生活に不安となる。
②　配偶者居住権を取得する場合配偶者居住権は所有権より廉価で，例えば1000万円と評価される。その場合は，預貯金も1500万円取得でき，生活に安心することができる。

（出典：法務省ホームページ「民法及び家事事件手続法の一部を改正する法律の概要の制度導入のメリット」の事例より）

3 新設の内容

(1) 法的性質

配偶者居住権は，配偶者が相続開始時に居住していた被相続人所有の建物を対象として，終身又は遺産分割終了時から一定期間，配偶者にその建物の使用を認めることを内容とする法定の債権である。

(2) 成立要件

ア 配偶者は，被相続人の財産に属した建物に相続開始の時に居住していることが要件である。

建物の一部のみに居住している場合には，①配偶者が相続開始時の前に建物の一部を居住用，残部を自己の事業用等に使用していた場合と，②配偶者が相続開始の前，建物の居住部分が一部のみを使用し，残部を専ら他の者が使用していた場合の2通りがあるが，いずれにしても，居住建物全部について配偶者居住権を取得する（部会資料15・9頁，10頁）。

イ 次に掲げる場合のいずれか一つを要件とする。

① 遺産の分割によって配偶者居住権を取得するものとされたとき（1028条1項1号）。

② 配偶者居住権が遺贈の目的とされたとき（同項2号）。

③ 被相続人と配偶者との間に，配偶者に配偶者居住権を取得させる旨の死因贈与契約があるとき（554条による上記遺贈の規定の準用）。

なお，遺産分割方法の指定として配偶者居住権を取得させることを認めると，配偶者は相続そのものを放棄しない限り，配偶者居住権を放棄することができないことから，かえって配偶者の保護に欠ける結果となるおそれがあるため，遺言で配偶者に配偶者居住権を取得させる場合は遺贈に限るものとした（部会資料15・11頁）。

(3) 被相続人が相続開始時に居住建物を共有していた場合（1028条1項ただし書）

同ただし書は，①配偶者が居住建物について共有持分を有するときであっても配偶者居住権を取得することができること，②被相続人及び配偶者以外の者が共有持分を有する建物については配偶者居住権は成立し得ないことを定めるものである。

①については，配偶者居住権が配偶者の従前の住居における生活を保護しようとするものであることからすると，配偶者が居住建物の共有持分を有している場合には，自己の持分に基づいて居住建物を使用することができるから，配偶者居住権を成立させる必要はないとの考え方もあり得るが，このような場合であっても，他の共有者から使用料相当額の不当利得返還請求又は共有物分割請求がされた場合には，配偶者が居住建物での居住を継続することができなくなるおそれがあり，配偶者居住権の成立を認める必要性がある（部会資料15－2・6頁）。

②については，共有持分を有する第三者についても配偶者居住権の債務者として扱わなければならないこととなるが，被相続人の遺言や共同相続人間の遺産分割によって当該第三者に配偶者による無償の居住を受忍するという負担を生じさせることはできない。その第三者が同意した場合には配偶者居住権の成立を認めることも考えられないではないが，配偶者居住権は，被相続人が居住建物について有していた権利の一部を独立の権利と捉えて相続によって承継させようとするものであり，第三者の同意によって生じた権利を同質のものと扱うことはできない。よって，第三者との共有の場合は，配偶者所有権の成立は認められない（同・7頁）。

(4) 混同の例外（1028条2項）

「居住建物が配偶者の財産に属することになった場合であっても，他の者がその共有持分を有するときは，配偶者居住権は，消滅しない。」と規定された。

これは，被相続人に配偶者居住権が遺贈される一方で居住建物の所有権については何ら遺言がされなかった場合には，配偶者は共同相続人の一人として居住建物について遺産共有持分を有することになるが，このような場合でも，配偶者居住権を成立させる必要がある（このような場合には，最終的には，遺産分割の遡及効により，配偶者は居住建物の所有権を取得しなかったことになる場合が多いと考えられるが，遺産分割が終了するまでの間に，配偶者が配偶者居住権について登記を備えることができるようにする必要がある。）。しかし，この場合には配偶者居住権を有する者とこれを負担する者の一部が重複することから混同によって消滅するのではないかとの疑念が生じ得るところであり，借地借家法15条が自己借地権に関する規定を置いていることも考慮すると，配

第1章　配偶者の居住の権利

偶者が居住建物について共有持分を有する場合にも配偶者居住権が成立することについて明確にするため規定された（部会資料25－2・5頁）。

(5)　**持戻しの免除**（同条3項）

903条4項の持戻しの免除に関する規定は，配偶者居住権の遺贈について準用する。「3　実務上のポイント」のところで後述するように，この点が，配偶者保護になり，配偶者居住権を利用する利点となる。

(6)　**第三者との関係**

ア　建物所有者との関係

配偶者は，遺産分割により建物所有権を取得した他の相続人に対し，配偶者居住権を主張することができ，他の相続人から建物所有権を譲り受けた第三者に対しても，対抗要件を具備している限り，これを対抗することができる（部会資料6・12頁）。

イ　敷地所有者との関係

例えば，被相続人が建物とその敷地を所有しており，遺産分割において，その配偶者が配偶者居住権を，他の相続人がその建物とその敷地の所有権を取得した場合に，他の相続人がその後第三者にその敷地を譲渡したときでも，その譲渡の際に建物のために敷地利用権（地上権，賃借権等）が設定されていれば，その配偶者は，前記第三者に対し，建物所有者が有する敷地利用権を援用することができ，第三者からの建物退去請求を拒むことができる。

これに対し，例えば，遺産分割により建物とその敷地の所有権を取得した他の相続人が，その建物のための敷地利用権を設定せずにその敷地を第三者に売却した場合には，配偶者は，その第三者に対し，敷地の占有権原を主張することができない結果，第三者からの建物退去請求を拒むことができないことになる（部会資料6・12頁，13頁）。

ウ　抵当権者との関係

建物の抵当権者との関係では，抵当権者が相続開始前に対抗要件を具備していた場合には，配偶者居住権は当該抵当権に劣後することになるため，配偶者は，当該抵当権の実行により建物を買い受けた者から明渡しを求められた場合にはこれを拒むことはできないことになると考えられる。もっとも，このような場合には，配偶者は遺産分割の時点であらかじめ抵当権の存在を知ることができるから，そもそも配偶者居住権の取得に慎重を期すことが期

待され，必ずしも配偶者の保護に欠けることにはならないと考えられる。

これに対し，配偶者が配偶者居住権を取得し，対抗要件を備えた後に抵当権者が当該建物の抵当権設定登記をした場合には，配偶者は，当該抵当権者に対し，配偶者居住権を対抗することができる。この点については，配偶者が配偶者居住権の対抗要件を備えた後に相続債権者が当該建物を差し押さえた場合も同様である。

エ　不法占拠者との関係

1031条2項が新設され，改正民法605条の4の規定を配偶者居住権の設定の登記を備えたものに準用する。したがって，配偶者居住権の設定登記を備えた配偶者は，①第三者に対する妨害の停止の請求（改正民法605条の4第1号）と②第三者に対する返還の請求（同2号）をすることができる。

(7)　配偶者居住権の価額の評価について

ア　鑑定による評価

平成28年10月18日第14回法制審議会部会で，配偶者居住権の財産評価の方法について次の計算式が提示された（部会資料14・3頁）

> 配偶者居住権の評価額＝建物の賃料相当額×存続期間－中間利息額

イ　簡易な評価方法

他方，平成29年3月28日第19回法制審議会部会において，「配偶者居住権の簡易な評価方法について」の検討が加えられている（部会資料19－2）。

a　必要性

常に鑑定を必要とするのであれば，制度の利用が進まないおそれがあるので，一定の数値を機械的に用いることで配偶者居住権の評価が容易となって，配偶者居住権がより使いやすいものとなると考えられる（部会資料19－1第2－2）。

そこで，「配偶者居住権の簡易な評価方法について」検討が加えられた。なお，詳細は別紙31頁以下のとおりである。

b　簡易な評価方法が採用される場面と鑑定による価額との関係

この評価方法は，あくまでも簡易な算定方法を用いることについて当事者間の合意があることを前提としたものであり，これについて当事者の合意が得られない場合には，専門家の鑑定評価によるべきことになる（上記部会資料

第1章 配偶者の居住の権利

19-1・11頁)。

4 実務上のポイント

　配偶者短期居住権は，従来から判例法理で認められていたものを整理し，さらに，被相続人が明らかに拒否している場合にもその権利を認めた点で自宅に居住している配偶者の保護に資する有益な制度の新設といえる。

　他方，配偶者居住権については，その評価が複雑であるとともに，争いになった場合は，賃料相当額を基礎に算定するので，配偶者居住権を取得せず，他の相続人の共有部分を賃貸した場合と比較して，中間利息だけが控除され，その中間利息控除の分だけが，現金・預金等流動資産で取得できるものとなるが，反面，施設などに転居するなど存続期間途中で不要となったとしても，換価することもできず，高齢化した場合に，上記転居を余儀なくされることも多いことを考えると，配偶者居住権の取得が配偶者の保護になる場合は多く想定できない。また，争いがない遺産分割のケースでは，一方の配偶者が死亡した後，他方が生存する場合は，通常，生存配偶者の生活を考えた遺産分割がされるのが通常であり，あえて，配偶者居住権を利用する必要性がない。

　このように考えると，評価の煩雑さに比して，配偶者居住権を利用するメリットは少ないと思われるが，1023条3項で，903条4項の規定を準用することから，婚姻期間が20年以上の夫婦の一方が配偶者居住権を取得したときは，特別受益の持戻し免除の意思を表示したものとするので，その点においては配偶者保護の利点がある。

（中井　洋恵）

〔新設　第1029条（審判による配偶者居住権の取得）〕

　遺産の分割の請求を受けた家庭裁判所は，次に掲げる場合に限り，配偶者が配偶者居住権を取得する旨を定めることができる。
　一　共同相続人間に配偶者居住権を取得することについての合意が成立しているとき。
　二　配偶者が家庭裁判所に対して配偶者居住権の取得を希望する旨を申し

出た場合において，居住建物の所有者の受ける不利益の程度を考慮しても
なお配偶者の生活を維持するために特に必要があると認めるとき（前号
に掲げる場合を除く。）

1　新設の趣旨（部会資料19−1・9頁以下）

　審判による配偶者居住権の取得を認めたものである。

　配偶者居住権を取得する配偶者及びその居住建物の所有権を取得する他の
相続人の双方にとって一定のリスク（不確定要素）があることから，前記所有
建物の所有権を取得する他の相続人が長期に配偶者居住権の負担を強いられ
る可能性がある。さらに，上記不確定要素や配偶者居住権の評価方法によっ
て，必ずしも①建物所有権の価額＝②長期居住権の価額＋③長期居住権の負
担付の建物所有権の価額という関係にはならず，②と③の合計額が①より低
くなる場合も存する。その結果，それ以外の相続人においても，その具体的
相続分額（遺産分割における現実の取得額）が減少することになり，その分の
不利益を受けることになると考えられる。

　しかし，配偶者に配偶者居住権を取得させることについて相続人全員の合
意がある場合（それ以外の財産の分割について合意が得られないために，全体と
して遺産分割協議が成立していない場合）には，配偶者居住権の設定によって不
利益を受ける者が全てこれに同意している以上，審判で配偶者居住権の設定
を認めることに特段問題はないものと考えられる（本条1項1号）。

　問題はそれ以外の場合であるが，配偶者以外の相続人は，通常は，配偶者
に対して扶養義務を負い，又は負い得る関係にあると考えられること（民法
877条1項及び2項）等を考慮すれば，「配偶者の生活を維持するために配偶者
居住権を取得させることが特に必要と認められる場合」に限り，他の相続人
が前記の限度で不利益を受けることになったとしてもやむを得ないものであ
るし，現行の遺産分割においても，遺産分割のため分筆した場合に，分筆前
の土地より，用途が限定されるなどして，価額が減少することもある。これ
らの観点から，相続人全員の同意がなくとも，審判で配偶者居住権を設定す
ることを，本条1項2号の場合に限定して認める旨規定された。

第1章 配偶者の居住の権利

2 新設の内容

次の二つの場合には，審判で配偶者に配偶者居住権を取得させることができる。

① 共同相続人間に配偶者居住権を取得することについての合意が成立しているとき。

② 配偶者が家庭裁判所に対して配偶者居住権の取得を希望する旨を申し出た場合において，居住建物の所有者の受ける不利益の程度を考慮してもなお配偶者の生活を維持するために特に必要があると認めるとき（前号に掲げる場合を除く。）。

なお，②の場合に，居住建物の所有権を取得することになる相続人が配偶者居住権の設定に同意していない場合に審判でその設定を認めると，配偶者とその相続人との間で，配偶者居住権の消滅等をめぐる紛争が生じるおそれがあること等を考慮して，その相続人の同意があることを要件とすることも検討されたが，前述したような理由で，②の場合に限定して，建物所有権を取得する相続人の同意なく配偶者居住権の設定を認めると規定され，この同意は要件とされなかった。

（中井 洋恵）

〔新設 第1030条（配偶者居住権の存続期間）〕

> 配偶者居住権の存続期間は，配偶者の終身の間とする。ただし，遺産分割の協議若しくは遺言に別段の定めがあるとき，又は家庭裁判所が遺産の分割の審判において別段の定めをしたときは，その定めるところによる。

1 新設の趣旨

配偶者居住権が設定された場合には，その負担を受ける建物所有者は，その存続期間中，対価（賃料）を得ることなく配偶者による建物の使用を甘受すべき立場に置かれることになるから，その存続期間を明確にする必要性は高いものと考えられる。

配偶者が遺言等や遺産分割において配偶者居住権を取得することとされた

が，存続期間の定めのないことを理由に配偶者居住権が無効になることを避けるため，配偶者居住権の存続期間の定めがないときは，その存続期間を配偶者の終身の間とされた。

2　新設の内容

配偶者居住権の存続期間は，原則，配偶者の終身の間とするが，遺産分割の協議若しくは遺言に別段の定めがあるとき，又は家庭裁判所が遺産の分割の審判において別段の定めをしたときは，その定めるところによる。

（中井　洋恵）

〔新設　第1031条（配偶者居住権の登記等）〕

> 1　居住建物の所有権者は，配偶者（配偶者居住権を取得した配偶者に限る。以下この節において同じ。）に対し，配偶者居住権の設定の登記を備えさせる義務を負う。
> 2　第605条の規定は配偶者居住権について，第605条の4の規定は配偶者居住権の設定の登記を備えた場合について準用する。

1　新設の趣旨

配偶者居住権を取得した配偶者は，その存続期間中，その居住建物を使用する権利を有することになる。配偶者居住権については，その存続期間が長期に及ぶことを想定しているが，その存続期間中に建物所有者によって建物の譲渡がされた場合に，配偶者居住権を建物の新所有者に対抗することができないのであれば，このような制度を設ける趣旨が相当程度没却される。そこで，配偶者居住権については，配偶者短期居住権とは異なり，第三者対抗力を付与することとした（部会資料6・8頁）。この配偶者居住権の対抗要件の方法を登記とした。

2　新設の内容

(1)　所有者との共同申請の原則

居住建物の所有権者は，配偶者（配偶者居住権を取得した配偶者に限る。以下

この節において同じ。）に対し，配偶者居住権の設定の登記を備えさせる義務を負う（1項）。

　なお，居住建物の所有権の移転の登記が未了である場合には，配偶者居住権を取得した配偶者は，その設定の登記の前提として，保存行為（民法252条）により相続を原因とする所有権の移転の登記等を申請する必要がある（部会資料22－2・5頁）。

(2)　審判に基づく登記

　登記義務の履行を命じる審判は，執行力のある債務名義と同一の効力を有するものとされているので（家事事件手続法75条），一方の当事者に対し，特定の登記義務の履行を命じる審判が確定したときは，その者の登記申請の意思表示が擬制され（民事執行法174条1項本文），他方の当事者は，単独で当該登記の申請をすることができる（部会資料23－2・4頁，5頁）。

> 　配偶者居住権の設定を命じる遺産分割審判においては，通常，下記のとおり登記手続を併せて命じることになるものと思われる（家事事件手続法第196条）。
>
> 　　被相続人の遺産を次のとおり分割する。
> 　1　配偶者Aに対し，別紙物件目録記載の建物（以下「本件建物」という。）につき存続期間を配偶者Aの終身の間とする配偶者居住権を設定する。
> 　2　相続人Bは，本件建物の所有権を取得する。
> 　3　相続人Bは，配偶者Aに対し，本件建物につき，第1項記載の配偶者居住権を設定する旨の登記手続をせよ。
> 　4　（以下略）

(部会資料23－2・5頁)

　(3)　605条の規定（不動産賃借権の対抗力）は配偶者居住権について，605条の4（不動産賃借権の第三者に対する妨害の停止及び返還の請求）の規定は配偶者居住権の設定の登記を備えた場合について準用する。

(中井　洋恵)

〔新設　第1032条（配偶者による使用及び収益）〕

> 1　配偶者は，従前の用法に従い，善良な管理者の注意をもって，使用及び収益をしなければならない。ただし，従前居住の用に供していなかった部分について，これを居住の用に供することを妨げない。
> 2　配偶者居住権は，譲渡することができない。
> 3　配偶者は，居住建物の所有権の承諾を得なければ，居住建物の改築若しくは増設をし，又は第三者に居住建物の使用若しくは収益をさせることができない。
> 4　配偶者が第一項又は前項の規定に違反した場合において，居住建物の所有者が相当の期間を定めてその是正の催告をし，その期間内に是正がされないときは，居住建物の所有者は，当該配偶者に対する意思表示によって配偶者居住権を消滅させることができる。

1　新設の趣旨

　配偶者にその居住建物を使用する権利を認める反面，当該建物について用法遵守義務や善管注意義務（保存義務）等を負わせることとしている。

2　新設の内容

(1)　1項

　1項本文で，従前の用法に従い，善良な管理者の注意をもって，使用及び収益をしなければならないことを規定し，ただし書については，配偶者居住権は，配偶者が相続開始の時に建物の少なくとも一部を居住の用に供していたことを要件として，建物の全部に成立させることとしている（1028条）ことから，例えば，当該建物の一部を店舗として使用していたり，間借人に賃貸していたりする場合も考えられる。このような場合に，店舗の営業をやめたり，間借人との賃貸借が終了したりしたときに，配偶者は，全体について配偶者居住権を有しているのであるから，居住建物の所有者の承諾がなかったとしても，居住の目的の範囲内であれば，もともと店舗として使っていた部分や，間貸しの目的となっていた部分を使用することを認めるべきである。そこで，ただし書において，従前居住の用に供していなかった分につい

て，これを居住の用に供することを妨げないとした。

(2) 配偶者居住権の譲渡禁止

立法時に，配偶者居住権の譲渡について検討されたが，配偶者居住権は配偶者の死亡によって消滅する債権であり，継続性の点で不安定であることから，実際に配偶者居住権を売却することができる場面は必ずしも多くないと思われる。そこで，上記のとおり配偶者居住権の譲渡を認めることがその制度趣旨と必ずしも整合的でないことも併せ考慮して，配偶者居住権の譲渡を禁止することとなった。なお，債権には原則として譲渡性があるから，譲渡が禁止されることを明らかにするため，明文の規定を設けることとした。

なお，配偶者買取請求権も認められていない。

このように，配偶者居住権の譲渡を禁止すると，配偶者が転居せざるを得なくなった場合の投下資本の回収が問題になるが，建物所有者に（交渉により）買い取ってもらうことのほか，居住建物の所有者の承諾を得た上で第三者に居住建物を賃貸することが考えられる（部会資料26－2・2頁）。

(3) 居住建物の改築若しくは増改築又は転貸の許可

配偶者は居住建物の所有権を有しないので，改築又は増築については，所有者の承諾を必要とする。

また，居住建物の所有者は建物の使用者がどのような者であるかについて重大な利害関係を有しており，民法上は使用貸借契約及び賃貸借契約のいずれにおいても貸主の承諾を得ずにその権利を譲渡し，又は転貸することはできないこととされていること（民法594条2項，612条1項）に照らすと，配偶者が配偶者居住権を転貸するには，建物所有者の承諾を要件とされた（部会資料2・9頁）。

(4)
配偶者が善管注意義務違反に違反した場合や，無断で改築，増築又は転貸をした場合は，これらの義務違反を理由に，建物所有者は，相当な催告をしたのちに，配偶者居住権の消滅請求をすることができることを規定した。

配偶者居住権の場合にも，配偶者は，実質的には自己の相続分において賃料の前払をしたのと同様の経済的負担をしていること等に照らすと，賃貸借契約の場合と同様，その消滅請求をするには，原則として催告を要することとするのが相当であると考えられることから，居住建物の所有者は，配偶者に対して用法遵守義務違反の是正を催告し，相当の期間内にその履行がされ

ない場合に配偶者居住権の消滅を請求することができることとしている（部
会資料15・13頁）。

（中井　洋恵）

〔新設　第1033条（居住建物の修繕等）〕

1　配偶者は，居住建物の使用及び収益に必要な修繕をすることができる。

2　居住建物の修繕が必要である場合において配偶者が相当の期間内に必要
な修繕をしないときは，居住建物の所有者は，その修繕をすることができ
る。

3　居住建物が修繕を要するとき（第１項により配偶者が自らその修繕をす
るときを除く。），又は居住建物について権利を主張する者があるときは，配
偶者は，居住建物の所有者に対し，遅滞なくその旨を通知しなければならな
い。ただし，居住建物の所有者が既にこれを知っているときは，この限りで
ない。

1　新設の趣旨

　配偶者居住権においても，賃貸借契約に関する改正民法607条の２の規定
を参照し，「修繕権」を明確にした規定である。

　まず，配偶者居住権の存続期間中においても，居住建物の所有者には，自
己の財産である居住建物の価値を維持する機会を与える必要があることか
ら，民法606条２項と同様に，居住建物の保存に必要な行為をする権利を有
し，配偶者はこれを拒むことができないのではないかとの検討もされたが
（部会資料23－２・32頁），①配偶者居住権は配偶者の居住を保護しようとする
ものであり，配偶者による即時の修繕を認める必要性が高いこと，②配偶者
に通常の必要費を負担させることとしている以上，配偶者において第一次的
に修繕方法を決められるようにするのが相当であると考えられること，③他
の共同相続人が第一次的な修繕権を有することとすると，紛争性のある事案
では，配偶者を退去させる口実に使われるおそれがあること等を考慮して，
配偶者が第一次的な修繕権を有することとし，配偶者が相当の期間内に修繕
をしない場合に，建物所有者において修繕ができる旨が規定された（部会資

第1章　配偶者の居住の権利

料24－2・2頁）。

2　新設の内容

(1)　前述したとおり，配偶者が第一次的な修繕権を有することとし，配偶者が相当の期間内に修繕をしない場合に，建物所有者において修繕ができる旨が規定された（1項，2項）。

(2)　その上で，賃借人に通知義務を課することによって賃貸人に必要な修繕をする機会を与え，修繕の必要な状態にある賃借物が修繕されないまま放置されて荒廃するという損失が生じないようにするための民法615条を参考に通知義務が規定された。ただし，配偶者が自ら居住建物の修繕をする場合には，所有者に修繕の機会を与える必要はないものと考えられる。また，配偶者が自ら修繕する場合にも通知義務を負わせることにより，建物の修繕方法等について配偶者と協議する機会を与えるとともに，将来特別の必要費として償還請求されることがあり得るか否かを建物所有者に認識させるという意義はあるものと考えられるが，民法上の他の場面では，費用の償還請求が認められる場合にも通知義務等は課されておらず，この場合にのみ通知義務を課す必要性及び合理性に乏しいものと考えられる。これらの点を考慮して，配偶者が自ら居住建物の修繕をする場合には，通知義務を課さない旨，3項括弧書の中に規定された（部会資料25－2・3頁）。

(中井　洋恵)

〔新設　第1034条（居住建物の費用の負担）〕

1　配偶者は，居住建物の通常の必要費を負担する。
2　第583条第2項の規定は，前項の通常の必要費以外の費用に準用する。

1　新設の趣旨

配偶者居住権においては，長期間にわたり当該建物を使用及び収益をすることができない所有者の不利益を考慮すれば，所有者が負う義務はできるだけ軽減するのが相当であり，かつ，そうすることにより，配偶者居住権自体の財産的価値を低く抑えることが可能になるものと考えられる。これらの点

を考慮して，建物所有者には配偶者の使用を受忍する義務以外に特段の義務を負わせないことも検討された（部会資料 6・8 頁）。しかし，必要費の中でも，災害等によって大規模な修繕が必要となった場合の修繕費など特別の必要費について，建物を無償で使用する使用貸借契約の場合でも貸主の負担とされていること等に鑑みると，配偶者居住権において，配偶者の負担とするのはバランスを失する。

そこで，配偶者居住権の場合も，配偶者短期居住権と同様，通常の必要費のみを配偶者が負担する旨規定された（部会資料24− 2・5 頁）。

2　新設の内容

(1)　配偶者居住権において，配偶者は通常の必要費を負担する（ 1 項）。
(2)　通常の必要費以外の費用については，使用貸借契約同様，583条 2 項の規定を準用し（ 2 項），所有者の負担とされた。

（中井　洋恵）

〔新設　第1035条（居住建物の返還等）〕

> 1　配偶者は，配偶者居住権が消滅したときは，居住建物の返還をしなければならない。ただし，配偶者が居住建物について共有持分を有する場合は，居住建物の所有者は，配偶者居住権が消滅したことを理由としては，居住建物の返還を求めることはできない。
> 2　第599条第 1 項及び第 2 項並びに第621条の規定は，前項本文の規定により配偶者が相続開始後に附属させた物がある居住建物又は相続の開始後に生じた損傷がある居住建物の返還をする場合について準用する。

1　新設の趣旨

配偶者居住権が消滅した場合の原状回復義務の内容については，債権法改正に関する賃貸借の取扱いと同様，通常損耗と経年変化を除外する旨を明記するとともに，配偶者短期居住権と同様に，配偶者が建物に附属させた物を収去する権利及び義務を有する旨を規定した。

第1章　配偶者の居住の権利

2　新設の内容

(1)　居住建物の返還義務（1項）

ア　配偶者居住権の消滅事由

① 存続期間の満了（1036条の改正民法597条1項の準用。存続期間については，1030条参照）

② 配偶者の死亡（同3項の準用）

③ 建物所有者による居住権消滅請求（1032条4項）

イ　配偶者は，前記アの事由で，配偶者居住権が消滅したときは，居住建物を返還しなければならない。

なお，配偶者の死亡により配偶者居住権が消滅した場合には，配偶者の相続人が配偶者の義務を相続することになる。

ウ　配偶者居住権は，居住建物の占有を存続要件とすることは想定していない。

エ　配偶者が居住建物について共有持分を有する場合は，共有持分による占有権限があるので，配偶者居住権が消滅したことを理由としては，居住建物の返還を求めることはできない。

配偶者が居住建物の共有持分を有するときは持分に応じて居住建物の全部を使用することができ（民法249条），共有持分の過半数を超える者でも配偶者に対して当然に居住建物の明渡しを請求することができるわけではない（最判昭和41年5月19日民集20巻5号947頁）。配偶者が共有持分を有し，かつ，短期居住権を有していた場合に，配偶者居住権が終了すると他の共有者に対して返還義務を負うとすることは，配偶者が共有持分のみを有していた場合と均衡を失すると考えられる。そこで，配偶者が居住建物の共有持分を有する場合には，配偶者居住権が消滅した場合であっても，配偶者は居住建物の返還義務を負わないこととし，この場合の法律関係については，一般の共有法理に委ねることとされた（部会資料25-2・3頁，4頁）。

(2)　原状回復義務（2項）

ア　配偶者が相続開始後に附属させた物がある居住建物の返還をする場合

① 配偶者は，その附属させたものを収去する義務を負うが，居住建物か

ら分離することができない物又は分離するのに過分の費用を要する物についてはこの限りでない（改正民法599条１項を準用）。

② 他方，配偶者は，居住建物を受け取った後に附属させたものを収去することができる（同条２項の準用）。

イ 配偶者が相続開始後に生じた損傷がある居住建物の返還をする場合（改正民法621条の準用）

相続開始後に生じた損傷については，改正民法621条を準用して，通常の使用及び収益によって生じた居住建物の損耗並びに居住建物の経年変化を明文で除外して原状回復義務を規定した。

また，損傷が配偶者の責めに帰することができない事由によるものである場合は，この限りでないとして，原状回復義務から除外した。

(中井 洋恵)

〔新設 第1036条（使用貸借及び賃貸借の規定の準用）〕

第597条第１項及び第３項，第600条，第613条並びに第616条の２の規定は，配偶者居住権について準用する。

準用規定は次のとおりである。

(1) **期間満了等による使用貸借の終了**（改正民法597条１項及び３項）**規定の準用**

① 期間満了による終了（１項）

② 配偶者の死亡による終了（３項）

(2) **損害賠償及費用の償還の請求についての期間の制限**（改正民法600条）

(3) **転貸の効果**（改正民法613条）

同条３項も準用されるので，配偶者が適法に居住建物を転貸した場合には，所有者は，配偶者との間の配偶者居住権を合意により解除したことをもって転借人に対抗することができない。ただし，その解除の当時，所有者が配偶者の消滅請求権を有していたときは，この限りでない。

(4) **居住建物の全部滅失等による賃貸借の終了**（改正民法616条の２）

(中井 洋恵)

第1章　配偶者の居住の権利

第2　配偶者短期居住権

〔新設　第1037条（配偶者短期居住権）〕

1　配偶者は，被相続人の財産に属した建物に相続開始の時に無償で居住していた場合には，次の各号に掲げる区分に応じてそれぞれ当該各号に定める日までの間，その居住していた建物（以下この節において「居住建物」という。）の所有権を相続又は遺贈により取得した者（以下この節において「居住建物取得者」という。）に対し，居住建物について無償で使用する権利（居住建物の一部のみを無償で使用していた場合にあっては，その部分について無償で使用する権利。以下この節において「配偶者短期居住権」という。）を有する。ただし，配偶者が，相続開始時において居住建物に係る配偶者居住権を取得したとき，又は第891条の規定に該当し若しくは廃除によってその相続権を失ったときは，この限りでない。
一　居住建物について配偶者を含む共同相続人間で遺産の分割をすべき場合　遺産の分割により居住建物の帰属が確定した日又は相続開始時の時から6箇月を経過する日のいずれか遅い日
二　前号に掲げる場合以外の場合　第3項の申入れの日から6箇月を経過する日
2　前項本文の場合においては，居住建物の取得者は，第三者に対する居住建物の譲渡その他の方法により配偶者の居住建物の使用を妨げてはならない。
3　居住建物取得者は，第1項第1号に掲げる場合を除くほか，いつでも配偶者短期居住権の消滅の申入れをすることができる。

1　新設の趣旨

　本章の冒頭に述べたとおり，社会経済情勢の変化に鑑み，相続が開始時に相続の対象となる建物に居住していた配偶者の居住の権利を保護する目的で，遺産分割が終了するまでの間の短期的な居住権を保護するために新設された規定である。特に，上記冒頭で述べたとおり，判例（最判平成8年12月17日民集50巻10号2778頁）法理は，あくまでも当事者間の合理的意思解釈に基づくものであるため，被相続人が明確にこれとは異なる意思を表示していた場

合等には，配偶者の居住権が短期的にも保護されない事態が生じ得ることになることから，配偶者の遺産分割までの間等の居住権を保護するため，新設されたものである。

2 新設の概要

配偶者が，被相続人の財産に属した建物に相続開始の時に無償で居住していた場合に，遺産分割（協議，調停又は審判）が終了するまでの間等の期間に，引き続き無償でその建物を使用することができる法定の権利（「配偶者短期居住権」）を新設したものである。

3 新設の内容

(1) **法的性質等**（部会資料2・3頁参照）

法的性質については，法定の債権である。

また，配偶者の居住権保護の観点から，被相続人が配偶者に短期居住権を取得させる意思を有していなかったことが遺言等によって明らかである場合にも，配偶者は当然に一定期間の短期居住権を取得することとし，その点については強行法規性を持たせることとしている。この点において，強行法規性を認める根拠については，配偶者は相互に同居・協力・扶助義務（民法752条）を負っており，この義務は一方の配偶者の死亡によって消滅するものの，配偶者はその死亡後に他方の配偶者が直ちに建物からの退去を求められるような事態が生じることがないよう配慮すべき義務を負うと解することが可能であると考えられ，このような観点から，被相続人の財産処分権に一定の制約を課すことが是認されるといった説明をすることが考えられる。

他方，配偶者短期居住権は，配偶者に一身専属的に帰属するものとし，他人に譲渡することはできず，配偶者の死亡によって消滅する。

(2) **配偶者の具体的相続分との関係**

配偶者短期居住権は，前記最高裁判例の趣旨からも，短期居住権の取得によって得た利益については，配偶者の具体的相続分に含めない無償で使用する権利である。

(3) **取得要件**

ア 取得要件は，「相続開始時に遺産に属した建物に無償で居住していた

第1章　配偶者の居住の権利

場合」であるが，被相続人の意思に反する場合を含めて配偶者の短期的な居住権を保護することとしていることからすれば，被相続人の許諾を得ていたことは要件とされない（部会資料2・4頁）。

　　イ　発生障害事由（1項ただし書）

　　①　配偶者が欠格事由（民法891条）に該当し又は廃除（民法892条）されたことにより相続人でなくなった場合は，配偶者短期居住権は発生しない。

　　②　配偶者が相続放棄をしたことは，発生障害事由とされなかった。

　すなわち，配偶者短期居住権が，高齢化社会の進展に伴って配偶者の居住権保護の必要性が高まっていることや，夫婦が相互に同居・協力・扶助義務を負っていることを根拠に，その余後効として被相続人の財産処分を一定の範囲で制限するものであることを考慮すれば，配偶者が相続権を有することは必ずしも必要条件ではないとも考えられる。また，使用貸借契約の成立を推認する判例（最判平成8年12月17日民集50巻10号2778頁）によれば，契約の成立後の事情でその効力に変更を来すことは考えられないから，配偶者が相続の放棄をしたとしても，なお遺産分割終了時までの間使用借権を有するものと考えるのが自然である（部会資料24-2・1頁，2頁）。そこで，相続放棄は発生障害事由とされなかった。ただし，後述するように存続期間の終期は，遺産分割終了とはされなかった。

(4)　配偶者短期居住権の及ぶ範囲

　　ア　物的範囲（1項括弧内）

　配偶者短期居住権はあくまで配偶者が相続開始時に享受していた居住利益をその後も一定期間保護することを目的としたものであることに鑑みると，配偶者は配偶者短期居住権に基づいて従前と同様の形態で居住することができるにとどまり，配偶者にそれ以上の利益を付与することは相当でないと考えられる。他方，配偶者短期居住権は，あくまでも相続人の間でのみ効力を有するにすぎないことからすれば，建物の一部についてのみ配偶者短期居住権の効力が生じることとしても特段の問題は生じない。これらの点を考慮して，配偶者短期居住権を1項で「居住建物の一部のみを無償で使用していた場合にあっては，その部分について無償で使用する権利」と限定することを規定した（部会資料15・3頁）。

イ 配偶者短期居住権者の権限

　配偶者短期居住権の内容について，居住建物の「使用」権限のみを認め，「収益」権限までは認めない。すなわち，この点について，判例（最判平成8年12月17日民集50巻10号2778頁）は，居住建物について使用貸借契約を推認するという構成によって配偶者の居住権を保護しているところ，使用貸借においては，その「使用及び収益」が本質的な要素とされているため（民法593条），判例法理によって推認される使用貸借契約においても，配偶者（借主）には，居住建物の収益権が認められるという理解もあり得るものと思われる。

　もっとも，配偶者短期居住権は，被相続人の生前には被相続人の占有補助者であった配偶者について，相続開始後に独自の占有権原を付与した上で，相続開始前と同一態様の使用を認めることを目的とするものであるが，配偶者が相続開始前に居住建物の一部について収益権限を有していた場合には，通常その部分については被相続人の占有補助者であったとは認められず，相続開始前の時点から，被相続人と配偶者との間に使用貸借契約等の契約関係が存在する場合が多いものと考えられる。そうであるとすれば，その部分については，相続開始後も従前の契約関係が継続するものと考えられるから，配偶者短期居住権による保護の対象とする必要はないものと考えられる。他方，被相続人が自ら相続開始前に居住建物の一部について収益をしていた場合については，その部分まで配偶者短期居住権の対象とし，それによる収益を配偶者のみに帰属させるのは，配偶者短期居住権による保護の目的を超えるように思われる。

　そのため，配偶者短期居住権については，居住建物の「使用」権限のみを認め，「収益」権限は認めないこととした（部会資料22−2・1頁）。

(5) 存続期間

　ア 配偶者短期居住権を保護するものを，①居住建物について配偶者を含む共同相続人間で遺産の分割をすべき場合と②それ以外の場合に区分し，存続期間をそれぞれ，上記①の場合は，遺産の分割により居住建物の帰属が確定した日又は相続開始の時から6か月を経過する日のいずれか遅い日（1号），②の場合を3項の申入れから6か月を経過する日（2号）とした。

　① 居住建物について配偶者を含む共同相続人間で遺産の分割をすべき場合

　この場合は，存続期間を遺産分割までとすると，相続開始後短期間のうち

第1章　配偶者の居住の権利

に遺産分割協議が成立した場合には，その時点で配偶者短期居住権が終了することとなる。この点について，最低6か月間の居住を保障する必要性について検討したところ，この場合には，配偶者自身が遺産分割に関与することができる場合であるから，配偶者が遺産分割協議の成立時期を左右することができ，最低期間の保障は不要であるとも考えられる。しかし，遺産分割の内容自体は合意に至っており，本来は早期に遺産分割協議が成立し得る事案であるのに，配偶者が急な転居に対応できないことのみを理由として遺産分割を先延ばしにするような事態を生じさせるのは相当でないと考えられる。そこで，この場合の配偶者短期居住権の存続期間を「遺産の分割により居住建物の帰属が確定した日又は相続開始の時から6か月を経過する日のいずれか遅い日までの間」とした（部会資料25－2・2頁）。

　②　それ以外の場合

　上記①以外の場合は，居住建物の取得者は，いつでも配偶者に配偶者短期居住権の消滅の申入れをすることができるものとし（3項），配偶者短期居住権の存続期間の終期を申入れの日から6か月を経過する日とした。

　1号以外の場合とは，居住建物につき，遺贈や遺産分割の指定があり，配偶者を含む共同相続人間で遺産の分割がされない場合である。

　配偶者が相続放棄をした場合もこの場合に含まれる。

　すなわち，配偶者が相続を放棄した場合も，配偶者としてはいつの時点で明渡しの請求を受けるか予測することができないという点では「配偶者以外の者が無償で配偶者の居住建物を取得した場合」と類似の状況にあると考えられること等を考慮すると，この場合における配偶者の保護の手段としては，所有権を取得した者に対する明渡し義務の履行に一定期間の猶予期間を設けることが相当であると考えられる。そこで，配偶者が相続を放棄した場合の短期居住権の存続期間の終期については，「相続により居住建物の所有権を取得した者が短期居住権の消滅の申入れをした日から6か月を経過する日」とすることとした。そして，配偶者が放棄した場合だけでなく，なお，配偶者が相続を放棄した場合等の配偶者短期居住権の存続期間については，他の共同相続人による遺産分割に要する期間や他の共同相続人の意思によっては，配偶者が遺産分割の成立より前に居住建物を明け渡さなければならないということが生じ得る。しかし，配偶者が居住建物について所有権又は配

偶者居住権を取得することができないことは確定しており，配偶者はいずれ
居住建物を明け渡さなければならない立場にあること等を考慮すれば，この
場合における保護の手段としては，一定の猶予期間を設けることで対応する
ことにも相応の合理性がある（部会資料25－2・1頁，2頁）。

イ 占有の喪失

　配偶者短期居住権の消滅原因として，配偶者が居住建物の占有を失ったこ
とを規定するかについては，このような場面で配偶者短期居住権が消滅する
ことについては，通常，権利の放棄としてとらえれば足りると考えられる一
方で，そのような規定があることで，かえって第三者による不当な占有侵奪
によっても配偶者短期居住権が消滅するとの誤解が生じるおそれがあること
から，規定がされなかった（部会資料24－2・2頁）。

(6) 他の相続人が持分を第三者に譲渡した場合

　配偶者短期居住権については，配偶者居住権とは異なり，第三者対抗力を
付与しないことを前提としているため，他の相続人が遺産分割の前に自らの
持分を第三者に譲渡したときは，配偶者は，当該第三者に対しては配偶者短
期居住権を対抗することができない。その結果，配偶者が引き続きその建物
での居住を継続する場合には，当該第三者に対しては，その持分割合に相当
する使用利益を支払う必要があると考えられる（部会資料15・4頁）。

　ただし，他の相続人や受遺者（居住建物取得者）は，第三者に対する居住建
物の譲渡その他の方法により配偶者の居住建物の使用を妨げてはならない
（1037条2項）と，居住建物取得者に対する債権的な権利としては規定された。
よって，配偶者の使用を妨げた場合は，配偶者に対して損害賠償義務を負う
ことになる。

（中井　洋恵）

〔新設　第1038条（配偶者による使用）〕

> 1　配偶者（配偶者短期居住権を有する配偶者に限る。以下この節について同
> 　じ。）は，従前の用法に従い，善良な管理者の注意をもって，居住建物の使
> 　用をしなければならない。
> 2　配偶者は，居住建物取得者の承諾を得なければ，第三者に居住建物の使用

第1章　配偶者の居住の権利

をさせることはできない。

　3　配偶者が前2項の規定に違反したときは，居住建物取得者は，当該配偶者
　　に対する意思表示によって配偶者短期居住権を消滅させることができる。

1　新設の趣旨

　配偶者短期居住権は，法定の権利であるから，その権利義務の内容を法定
する必要があり，配偶者が無償での使用権原を認める反面，居住建物の使用
や保管について善管注意義務を負わせたものである。

2　新設の内容

(1)　配偶者の使用方法及び善管注意義務を規定したものである（1項）

　配偶者短期居住権の用法遵守義務の内容については，従前から居宅兼店舗
として使用されていた場合には，相続開始後も従前と同様の使用が許容され
ることを明らかにすべきであることから，相続開始前と同様の用法であれ
ば，用法遵守義務に違反しないこと（したがって，配偶者が相続開始前に居宅兼
店舗として使用していたのであれば，従前から店舗として使用されていた部分につ
いては，相続開始後も同様の使用が許容されること）を明らかにする趣旨で，配
偶者は，「従前の用法に従って」建物を使用しなければならないことと規定さ
れた（部会資料15・4頁）。

(2)　配偶者は，居住建物取得者の承諾を得なければ，第三者に居住建物の
　　使用をさせることはできない（2項）

　ここで，配偶者が居住建物を第三者に使用させるためには，「他の相続人」
の承諾を要することとしており，ここでいう「他の相続人」は配偶者以外の
相続人全員を意味する。

(3)　配偶者が前2項の規定に違反したときは，居住建物取得者は，当該配
　　偶者に対する意思表示によって配偶者短期居住権を消滅させることがで
　　きる（3項）

　この規定は，居住建物の消滅請求権を定めた規定である。

　配偶者が用法遵守義務に違反している場合にまで配偶者短期居住権による
保護を図る必要はなく，むしろ，遺産の一部である当該建物の資産価値が毀

損されることを防止する観点から，配偶者短期居住権を早期に消滅させて当該建物の資産価値を保全する必要性が高いものと考えられる。その意味で，用法遵守義務違反を理由とする消滅請求については，保存行為としての性格を有するものも含まれ得ると考えられる。また，仮に消滅請求に当たって持分の過半数を要求するものとした場合には，例えば，相続人間で感情的な対立がある事案（例えば，配偶者のほか子2人が相続人である場合に，2人の子の間で感情的な対立がある場合等）において，他の相続人が消滅請求をすることが事実上困難となることも懸念される。以上を踏まえ，他の相続人が各自配偶者短期居住権の消滅請求をすることができることとされた。

（中井　洋恵）

〔新設　第1039条（配偶者居住権の取得による配偶者短期居住権の消滅）〕

> 　配偶者が居住建物に係る配偶者居住権を取得したときは，配偶者短期居住権は消滅する。

1　新設の趣旨及び内容

　居住建物について遺産分割が行われる場合には，配偶者が配偶者居住権を取得したときであっても，なお配偶者短期居住権を認める（遺産分割が行われるまでの居住権の保護は短期居住権に一本化する）こととすることで，配偶者居住権の評価額を低く抑えるのが相当ではないかという指摘があった。

　しかしながら，配偶者居住権は，登記請求権や第三者対抗力が認められているなど，配偶者短期居住権よりも強力な居住権として構成されており，配偶者が配偶者居住権を取得した場合には，その時点から配偶者居住権に基づく居住を認めることが，その居住権の保護に資する面もあると考えられる。また，配偶者が自ら希望して配偶者短期居住権よりも強力な権利を取得した以上（配偶者居住権の成立要件において，配偶者が配偶者居住権の取得を希望していないのに，これを取得する事態は生じないように配慮している。），その評価が相対的に高いものとなるのはやむを得ないと考えられる。加えて，遺産分割によらずに配偶者が配偶者居住権を取得するのは，その遺贈又は死因贈与を受けた場合に限られるところ，この場合には，その持戻し免除の意思表示が

第1章　配偶者の居住の権利

あったものと推定されるため，配偶者が取得できる財産が減少するのは，限定された場面に限られると考えられる（部会資料22－2・2頁）。

以上の検討の結果，配偶者が居住建物に係る配偶者居住権を取得したときは，配偶者短期居住権は消滅する。

（中井　洋恵）

〔新設　第1040条（居住建物の返還等）〕

1　配偶者は，前条に規定する場合を除き，配偶者短期居住権が消滅したときは，居住建物の返還をしなければならない。ただし，配偶者が居住建物についての共有持分を有する場合は，居住建物取得者は，配偶者短期居住権が消滅したことを理由としては，居住建物の返還を求めることができない。
2　第599条第1項及び第2項並びに第621条の規定は，前項本文の規定により配偶者が相続の開始時に附属させたものがある居住建物又は相続の開始後に生じた損傷がある居住建物の返還をする場合について準用する。

1035条と同様の規定であるので，その項を参照されたい。

（中井　洋恵）

〔新設　第1041条（使用貸借等の規定の準用）〕

第597条第3項，第600条，第616条の2，第1032条第2項，第1033条及び第1034条の規定は，配偶者短期居住権について準用する。

準用規定は次のとおりである。
①　使用貸借における（配偶者の）死亡による終了（改正民法597条3項）
②　損害賠償及び費用の償還の請求についての期間の制限（改正民法600条）
③　居住建物の全部滅失等による配偶者短期居住権の終了（改正民法616条の2）
④　譲渡の禁止（1032条2項）
　配偶者短期居住権は配偶者の居住建物における居住を短期的に保護するために創設する権利であり，また，配偶者に経済的負担を課すことなく当然に成立するものであるから，譲渡を認める必要に乏しい。そして，配偶者居住

権についても，その譲渡を禁止する明文の規定を設けることとしたため，これとの均衡上，配偶者短期居住権についても，譲渡を禁止することを明文で明らかにすることが相当であると考えられ，配偶者居住権の譲渡を禁止する規定である1032条2項を準用した（部会資料26－2・1頁）。

⑤　居住建物の修繕等（1033条）

⑥　居住建物の費用の負担（1034条）

（中井　洋恵）

〔附則第10条（配偶者の居住の権利に関する経過措置）〕

1　第2条の規定による改正後の民法（次項において「第4号新民法」という。）第1028条から第1041条までの規定は，次項に定めるものを除き，附則第1条第4号に掲げる規定の施行の日（以下この条において「第4号施行日」という。）以降に開始した相続について適用し，第4号施行日前に開始した相続については，なお従前の例による。

2　第4号新民法第1028条から第1036条までの規定は，第4号施行日前にされた遺贈については，適用しない。

【別紙】簡易な評価方法（部会資料19－2）

1　建物の評価方法

【計算式1】

①建物の価額（固定資産税評価額）

　　＝②配偶者居住権付所有権の価額＋③配偶者居住権の価額

②配偶者居住権付建物所有権の価額（注1）

　　＝①固定資産税評価×$\dfrac{\text{法定耐用年数}-（\text{経過年数}+\text{存続年数（注3）}）}{\text{法定耐用年数（注2）}-\text{経過年数}}$×ライプニッツ係数

③配偶者居住権の価額

　　＝①固定資産税評価額－②配偶者居住権付所有権の価額

（注1）計算結果がマイナスとなる場合には，0円とする。

（注2）法定耐用年数は減価償却資産の耐用年数等に関する省令（昭和40年3月31日大蔵省令第15号）において構造・用途ごとに規定されており，木造の住宅用

第1章　配偶者の居住の権利

　　　　建物は22年，鉄筋コンクリート造の住宅用建物は47年と定められている。
（注3）配偶者居住権の存続期間が終身である場合には，簡易生命表記載の平均余命
　　　　の値を使用するものとする。
（注4）ライプニッツ係数は以下のとおりとなる（小数第4位以下四捨五入）。
　　　　債権法改正案（3％）改正前（5％）
　　　　　5年　　0.863　　0.784
　　　　　10年　　0.744　　0.614
　　　　　15年　　0.642　　0.481
　　　　　20年　　0.554　　0.377
　　　　　25年　　0.478　　0.295
　　　　　30年　　0.412　　0.231

　上記計算式1は，相続開始時における居住建物の財産価値を固定資産税評価額とした上で，これについて配偶者居住権の存続期間分の減価償却（定額法に準じる）をすることにより存続期間満了時点の建物価額を算定し，ライプニッツ係数を使って，これを現在価値に引き直すこととしたものである。

2　敷地利用権の評価方法

　居住建物が一戸建てである場合には，配偶者は，配偶者居住権の存続期間中は居住建物の敷地を排他的に使用することとなるため，敷地利用権について借地権等と同様の評価をする必要があるものと考えられる。

(1)　甲案（ライプニッツ係数を利用）
①配偶者居住権付敷地の価額
　　＝敷地の固定資産税評価額〔÷0.7〕×ライプニッツ係数
②配偶者居住権に基づく敷地利用権
　　＝敷地の固定資産税評価額〔÷0.7〕－配偶者居住権付敷地の価額
　　（＝敷地の固定資産税評価額〔÷0.7〕×（1－ライプニッツ係数））
(2)　乙案（敷地利用権割合を新たに策定）
①配偶者居住権付敷地の価額
　　＝敷地の固定資産税評価額〔÷0.7〕×（1－敷地利用権割合（注））
②配偶者居住権に基づく敷地利用権の価額
　　＝敷地の固定資産税評価額〔÷0.7〕×敷地利用権割合
(注)　敷地利用権割合は，配偶者居住権の存続期間に応じ，以下のとおりとする。

存続期間	5 年以下	20%	25年超30年以下	70%
	5 年超 10年以下	30%	30年超35年以下	80%
	10年超 15年以下	40%	35年超40年以下	90%
	15年超 20年以下	50%	40年超	95%
	20年超 25年以下	60%		

(1) 甲案の補足説明

　甲案は，敷地については建物とは異なり経年劣化を考慮する必要性が少ないこと等を考慮しつつ，配偶者居住権の存続期間中は敷地所有権者が敷地を自由に使用収益することができないことに着目し，敷地所有権者が配偶者居住権の存続期間満了後に得ることとなる負担のない敷地所有権の価額を現在価値に引き直すことにより，配偶者居住権付敷地の価額を算出しようとするものである。

　敷地所有権の価額の算定方法としては，建物におけるのと同様，当該敷地の固定資産税評価額を用いることとしているが，固定資産税評価額は公示価格の70％とされていることに鑑み，これを割り戻すことも考えられる（乙案においても同じ）。また，事案に応じて，固定資産税評価額以外のより適切な評価額（公示価格，相続税評価額など）を利用することも考えられる。

　甲案によれば，建物と敷地の間で係数が共通となり，より整合的な算定方法になるものと考えられる。なお，甲案及び乙案のいずれにおいても，基本的には，居住建物がその敷地である土地の大部分を占めること（土地の固定資産税評価額≒敷地の固定資産税評価額）を想定しているが，仮に居住建物の敷地が当該土地のごく一部分にすぎない場合には，各面積の割合を掛け合わせて算出した敷地部分のみの固定資産税評価額を用いることが考えられる。

(2) 乙案の補足説明

　一般的な相続税評価額の算定においては，貸宅地（普通借地権の目的となっている宅地）の評価方法は，

> 貸宅地価格＝当該宅地の自用地価格（※ 1 ）×（ 1 －借地権割合（※ 2 ））

　　※ 1 　宅地の評価は，路線価方式又は倍率方式によることとされており，路線価方式
　　　　による場合には，路線価（／㎡）×奥行価格補正（率）等の画地調整×地積を求
　　　　めた上で，当該宅地の状況に応じた各種補正を施すことにより算出するとされて

第1章　配偶者の居住の権利

　　　いる（財産評価基本通達114以下）。
　※2　借地権割合は，路線価図において地域ごとに30～90％と定められている。

とされており，遺産分割の調停実務においても同様の評価方法を用いる場合があるとされている。もっとも，配偶者居住権についてこの評価方法をそのまま利用すると，敷地利用権の存続期間の長短が何ら反映されないとの問題点があるように思われる。

　これに対し，地上権（借地借家法に規定する借地権等を除く。）については，以下のとおり，その残存期間に応じた評価方法が定められている（相続税法23条）。

> 地上権評価額＝自用地価格×残存期間に応じる地上権割合

　乙案は，このような地上権についての評価方法を参考に，配偶者居住権の残存期間に応じる敷地利用権割合を新たに策定し，これを用いて評価を行うこととしたものである。

　敷地利用権割合については，
・敷地所有者は，配偶者居住権の存続期間中，当該敷地を自ら使用収益することができず，地代支払も受けられないこと
・当該敷地についての固定資産税を含む必要費については，配偶者居住権の存続期間中，配偶者居住権者（配偶者）がこれを負担すること
・配偶者居住権の存続期間が相当長期に及ぶ場合には，敷地の所有権とほぼ同額（95％）とするのが相当と考えられること
・仮に配偶者居住権を利用する場合には，配偶者の年齢・平均余命等から考えて，その存続期間を10～20年程度とする場合が比較的多いのではないかと想定されるところ，大まかな目安として，存続期間が15～20年の場合に配偶者居住権に基づく敷地利用権が敷地所有権の半分（50％）程度となるのが相当と考えられること
などを考慮し，前記乙案のとおりとすることを提案している。

　もっとも，このような敷地利用権割合を新たに策定することについては，敷地利用権割合を適切に定めることが可能かという根本的な問題があり，現行の不動産評価や相続税評価の実務との整合性等について，専門家を交えた慎重な検討が必要となるものと考えられる。また，例えば，敷地所有者が被

相続人以外の第三者であり，相続開始前から当該敷地について借地権等が設定されていたような場合には，その借地権等について財産評価を行えば足り，基本的には乙案の算定方法を用いる必要はないものと考えられる。

（中井　洋恵）

第2章　遺産分割等に関する見直し

第1　婚姻期間が20年以上の夫婦間における居住用不動産の遺贈又は贈与

〔改正民法〕

（特別受益者の相続分）

民法第903条

4　婚姻期間が20年以上の夫婦の一方である被相続人が，他の一方に対し，その居住の用に供する建物又はその敷地について遺贈又は贈与をしたときは，当該被相続人は，その遺贈又は贈与について第1項の規定を適用しない旨の意思を表示したものと推定する。

（配偶者居住権）

民法第1028条

3　第903条第4項の規定は，配偶者居住権の遺贈について準用する。

〔附則〕

（夫婦間における居住用不動産の遺贈又は贈与に関する経過措置）

第4条

　新民法第903条第4項の規定は，施行日前にされた遺贈又は贈与については適用しない。

1　改正の趣旨

　改正民法903条4項は，高齢化社会の進展等の社会情勢に鑑み，配偶者の死亡により残された他方配偶者の生活に配慮する必要性があるところ，贈与税の特例（相続税法21条の6）の対象と重なる長期間婚姻関係にあった配偶者間

の居住用不動産の贈与等につき，民法上も持戻し免除の意思を推定することにより配偶者の生活保障をより厚くしようとするものである。

　また，本規定は，このような政策的観点とともに，同規定のような贈与等が行われた場合，一般に贈与等をした者は持戻し免除の意思を有するものと経験則上考えられることにも基づくものである。

2　改正の内容

　(1)　婚姻期間が20年以上になる夫婦の一方が，他の配偶者に対して，その居住用不動産を遺贈又は贈与をしたときは，当該被相続人は，その遺贈又は贈与について持戻し免除の意思表示をしたものと推定する（改正民法903条4項）。

　なお，本規定は，配偶者居住権を遺贈した場合にも準用される（改正民法1028条）。

　(2)　本規定の婚姻期間及び居住用の要件は，遺言作成時又は贈与時を基準に判断される[1]。また，受遺者あるいは受贈者にとっての居住用という意味である。

3　実務上のポイント

(1)　居宅兼店舗について贈与等があった場合

　本規定の適用があるかが問題となる。結論としては，概ね次のような観点を考慮し，今後の解釈に委ねられる。すなわち，少なくとも居住用部分については本規定の適用があると考えられるが，その余（店舗等）の部分については，当該不動産の構造や形態，被相続人の遺言の趣旨等によって判断が異なりうる。また，持戻し免除の意思表示は，一般に贈与等の目的とされた財産の全体について認められるかどうかが問題となるものであるから，目的物の一部について本規定を適用することの当否についても慎重な検討を要する。

　この点，贈与税の特例においては，居住用部分がおおむね90％以上の場合は全て居住用不動産として扱うこととされているが，本規定の適用に際して

---

[1]　贈与等の時点で居住の用に供していなかったとしても，贈与等の時点で近い将来居住の用に供する目的で贈与等した場合についても，民法859条の3の解釈に照らして，本規定の適用があると解釈することができる（部会資料18・4頁）。

は，税法ほど要件を厳しくすべきではなく，例えば，1階が店舗，2階が居住用という場合でも本規定の適用対象になるとの立案担当者の見解が示されている（議事録18・4～5頁）。

⑵　「相続させる」旨の遺言との関係

相続させる旨の遺言については，一般に遺産分割方法の指定であると解されているため（最判平成3年4月19日民集45巻4号477頁），本規定の適用があるか問題となる。

この点，上記最判は「遺言の記載から，その趣旨が遺贈であることが明らかであるか又は遺贈と解すべき特段の事情のない限り，……遺産分割方法の指定がされたと解すべき」と判示しており，本規定の存在を理由として「遺贈と解すべき特段の事情」があると解されるので，本規定の適用があると考えられる。また，仮に本規定の適用がないとしても，被相続人の持戻し免除の意思が経験則上認められるという本規定の立法趣旨に照らすと，類推適用が認められるか，少なくとも事実上の推定は働くのではないかと考えられる。

⑶　遺贈に関し，本規定と反対の意思表示をする場合

遺贈にかかる持戻し免除の意思表示については遺言の中で行わなければならないと解する立場が従来有力であり（遺言必要説），この説によれば，本規定と反対の意思表示は遺言でするべきとも考えられる。

しかし，仮に遺言必要説を前提としても，民法999条等の解釈において，遺言者の別段の意思表示があるときはそれに従うべきであり，また，遺言者の意思がこれに反すると認められるときは反証することができるとの解釈がされていることからすると，本規定による推定を破るためには，必ずしも遺言による必要はないと考えられる。

⑷　今後の影響について

婚姻期間が18年目や19年目に居住用不動産が生前贈与された場合，もちろん本規定の適用は認められないが，21年目になされた場合と実質において大きく異なるところはなく，本規定の立法趣旨（配偶者の生活保障と経験則に基づく被相続人の意思）に照らすと，このような場合には持戻し免除の意思につき事実上の推定が及ぶと考えられる（議事録18・7頁）。なお，居住用不動産ではない財産についても，同様の趣旨が当てはまれば，本規定の存在を理由として，持戻し免除の意思につき事実上の推定が及びやすくなるとの立案担

第2章 遺産分割等に関する見直し

当者の見解もあるが（議事録18・9頁），実務上は，かなり限られた場面になると思われる。

⑸ **適用関係**

本規定は，施行日前になされた遺贈又は贈与については適用されない。

（小池 裕樹）

第2 遺産分割前における預貯金債権の払戻し

〔民法及び家事事件手続法の一部を改正する法律案〕

> 民法第909条の2
>
> 　各共同相続人は，遺産に属する預貯金債権のうち相続開始の時の債権額の3分の1に第900条及び第901条の規定により算定した当該共同相続人の相続分を乗じた額（標準的な当面の必要生活費，平均的な葬式の費用の額その他の事情を勘案して預貯金債権の債務者ごとに法務省令で定める額を限度とする。）については，単独でその権利を行使することができる。この場合において，当該権利の行使をした預貯金債権については，当該共同相続人が遺産の一部の分割によりこれを取得したものとみなす。

〔附則：施行期日〕

> 第5条
>
> 　新民法第909条の2の規定は，施行日前に開始した相続に関し，施行日後に預貯金債権の行使がされるときにも，適用する。
>
> 2　施行日から附則第1条第3号に定める日の前日までの間における新民法第909条の2の規定の適用については，同条中「預貯金債権のうち」とあるのは，「預貯金債権（預金口座又は貯金口座に係る預金又は貯金に係る債権をいう。以下同じ。）のうち」とする。

1 改正の趣旨

平成28年12月19日最高裁大法廷決定（以下「平成28年最高裁決定」という。）において預貯金債権（普通預金，通常貯金及び定期貯金）が遺産分割の対象と

40

なると判断された。これまで，預貯金債権は，可分債権として当然分割されることを前提として，被相続人の葬儀費用や債務の弁済，あるいは，被相続人に扶養されていた相続人の生活費の支弁（以下総称して「葬儀費用等」という。）など，遺産分割を待つまでもなく行われてきたが，平成28年最高裁決定により，当然分割という前提が崩れたため，本条に基づく払戻し制度（以下「本条払戻し制度」という。）が創設された。後述する家庭裁判所の判断を経る手続と併せて，葬儀費用等の弁済について柔軟かつ迅速な解決が期待されている。

2　改正の内容

遺産分割の対象となる預貯金債権について，相続開始時の預貯金債権額の３分の１に法定相続分を乗じた額を，遺産分割前であっても裁判所の判断なく権利行使ができる。

なお，債務者（金融機関）[1]ごとに払戻しを認める上限額については，標準的な必要生計費や平均的な葬式の費用の額その他の事情（高齢者世帯の貯蓄状況等）を勘案して法務省令で定めるとされている。

3　改正に至る経緯

もともと相続法改正の法制審議会において，検討課題として「預貯金等の可分債権の取扱い」が取り上げられ，預貯金等の可分債権を遺産相続の対象とすることの是非について議論されてきた。これは，最判昭和29年４月８日民集８巻４号819頁（以下「昭和29年最高裁判決」という。）の可分債権が当然分割であるとの判断及び同判例に沿った実務に対し，「遺産の全てあるいは大部分が可分債権である場合にも，可分債権については特別受益や寄与分を考慮することなく形式的に法定相続分に従って分割承継される結果，相続人間の実質的公平を図ることができない。」あるいは「可分債権は，遺産分割を行う際の調整手段としても有用である。」として「可分債権を遺産分割の対象に

---

[1]　法制審では①預貯金債権ごと，②金融機関ごと，若しくは③預貯金債権全部，と上限額設定の基礎についていくつかの考えが示されたが，③については裁判所の個別判断を経ない払戻しにおいては，金融機関の負担が大きすぎることから，②が適当であるとの結論になった経緯がある。

含めるべきであるとの指摘」(部会資料5)があったことによるものである。そして，この議論のたたき台として，法制審からは，①可分債権の判例の枠組みを維持しつつ，具体的相続分の計算の際には考慮し，また，遺産分割時に存在する場合には可分債権を遺産分割の対象に含めるという甲案と，②可分債権を遺産分割の対象とし，それまでは個別行使を認めないという乙案が提示され，平成28年6月21日に取りまとめられた相続法改正中間試案に対しては，預貯金債権を遺産分割の対象にすることには賛成する意見が大勢であったが，他方，例えば不法行為に基づく損害賠償請求権などの可分債権については遺産分割が長引くとの考えから否定的な見解が多く，また，乙案を採用した場合であっても，医療費の支払などの資金需要に対する施策が必要であるとの意見が主張されていた。

　ところが，平成28年12月19日，最高裁は，従来の判例を変更し，通常貯金債権及び定期貯金債権について，遺産分割の対象となるとしたため，法制審の議論としては，可分債権についての法律改正の内容を大幅修正し，払戻し制度の創設が議論されてきた。

4 「払戻し」の法的性質

　本条に基づく「払戻し」の法的性質について，当初は，相続人に権利行使を認めるものであって，権利行使した預金も含めて遺産分割の対象となるとされていたが，今回の相続法改正の議論の中で，別の検討項目「遺産の分割前に遺産に属する財産を処分した場合の遺産の範囲」において，「共同相続人の一人又は数人が，遺産分割前に遺産に属する財産を処分した場合」については，当該相続人は共同相続人全員の同意を要する（改正民法906条の2），とされたことから，「払戻し」された預貯金債権について，遺産の一部分割と“みなす”と規定された。すなわち，本条払戻し制度により得た預金債権の一部は，遺産分割としての効果は認められないものの，遺産分割とみなされることにより，遺産分割の際に考慮されることになると考える。

5 実務上のポイント

(1) 従来の実務と平成28年最高裁決定
平成28年最高裁決定以前は，昭和29年最高裁判決（もっとも預貯金債権を直

接的に判断したものではない）を根拠に，預貯金債権は可分債権であり当然分割であるとの考えで，法定相続人は，金融機関に対し，相続人間の合意がなくとも，法定相続分について払戻しを求めることがあった。

これに対し，平成28年最高裁決定は，預貯金債権を分析的に検討し，単に消費寄託だけではなく，委任ないし準委任の要素も含んだ債権であり，共同相続人間の準共有になるため「各相続人に確定額の債権として分割されることはない」として，「可分債権は当然に分割され共有関係にない」とした判例を変更した。なお，平成28年最高裁決定は，預貯金債権全般を射程としているものと理解されている。

(2) 債務者（金融機関）ごとの上限額設定

本条払戻し制度を創設した趣旨としては，前述のとおり，預貯金債権が遺産相続の対象となることによる葬儀費用等の支払が滞る等の不都合性，すなわち，従来であれば預貯金債権が相続人に当然分割・承継されることにより，相続人が金融機関に対して払戻し請求をすることで，対処・解決できたものができなくなるという不便性を解消する等の目的によるものである。そのため，この目的にかなう範囲で払戻し制度を設定すればよく，上限が設定された。もっとも，この具体的な各債務者の上限額というのは時代による変化も想定できるため，法律ではなく，より変化に柔軟に対応できる政令への委任という法形式とされた。今後は，この政令による上限の設定，変更を注視していく必要がある。

なお，「民法第909条の2に規定する法務省令で定める額を定める省令案」において，債務者（金融機関）ごとの上限額は150万円と規定された。

(3) 定期預金や定期貯金の一部払戻しの可否

本条払戻し制度の創設により，それまで債務者たる各金融機関が有していた債権上の抗弁の扱いについて，定期預金の一部払戻し禁止のような契約上の抗弁について検討を要する。

この点，確かに，本条払戻し制度は，預貯金債権が遺産分割の対象となったことに対する不都合性を解消するために創設されたものであり，その意味では定期貯金や定期預金であっても一部払戻しに応じるべきであるとの考えもある。他方で，本条払戻し制度により，本来であれば主張できた金融機関の権利までも制限してしまうことの不都合性についても配慮する必要がある。

ちなみに，平成28年最高裁決定以前の実務において，銀行等の定期預金の期限前「一部払戻し」は一般的に比較的認められてきた傾向にあると思われるが，他方，ゆうちょ銀行の定期貯金については，規定により期限前払戻しは原則禁止となっていた。

(4) 相殺について

これまで，預貯金債権と金融機関が被相続人に対して有する債権との相殺は一般に行われており，また，預貯金債権が，可分債権として当然分割とされていたことから，相続人に対する債権との相殺についても認められてきた。

これに対し，平成28年最高裁決定後も，引き続き相殺が認められるのか，とりわけ，同決定は，遺産分割まで預貯金債権は共同相続人の準共有になるとされているが，この準共有持分との相殺との関係につき検討を要する。

この点，被相続人に対する債権との相殺については，相殺の担保的機能や，相続により金融機関の貸金との相殺に対する期待を害するべきではないという考えがあり，最高裁判所調査官（齋藤毅『ジュリスト』1503号82頁）や，金融機関（浅田隆『自由と正義』Vol.68,No.7，32頁）からも，被相続人及び相続人に対する債権との相殺については肯定的な意見が主張されている。預入金融機関の相殺に対する期待を保護する合理性と，相殺の担保的機能に鑑みると，このように解することに合理性がある。他方，相続人に対する債権との相殺については，平成28年最高裁決定までは当然分割として相殺可能であったものの，決定後については，預貯金債権は，相続人全員の準共有となることから相殺は認められないとの考えもある。

(5) 差押え及び取立てについて

ア　本条払戻し制度の趣旨は，上述のとおり，被相続人の葬儀費用等の弁済のために認められるものであり，本条払戻し制度がなければできなかったことまで許容するものではないため，相続人の債権者が，相続人の払戻し請求権を差し押さえたりすることはできないと考えられ，相続法改正に関する法制審議会においても，同様の議論がされてきた。

イ　他方で，相続開始により，預貯金債権の帰属は準共有と理解されているところ，この相続人の準共有持分の差押えについては肯定されるものと解されている（阿多博文『金融法務事情』2017号67頁，齋藤毅『ジュリスト』1503号81頁）。その方法としては，債権執行なのかその他財産の執行なのかにつ

いての議論があるが，東京地方裁判所及び大阪地方裁判所の民事執行セン
ターの考えでは債権執行とされている（小津亮太ほか『金融法務事情』2083号4
4頁）ため，他の裁判所でも同様の扱いになるものと考えられる。

　ウ　次に，預貯金債権の準共有持分が差し押さえることが可能であるこ
とを前提として，その差し押さえた債権を取り立てることができるのかにつ
いても議論されている。この点，取立債権者の地位は債務者の代位者である
ことから，平成28年最高裁決定及び平成29年4月6日の最高裁判決（相続人
からの法定相続分の払戻請求を棄却）に鑑みれば，第三債務者である金融機関
は，遺産分割までは取立てを拒むことになる（阿多博文『金融法務事情』2017
号68頁，齋藤毅『ジュリスト』1503号81頁）と思われ，東京地方裁判所民事執行
センターでも，最終的には差押債権者と第三債務者との間の取立訴訟により
決せられるとしつつ，差押債権者の取立てに対しては否定的な見解を示して
いる（前掲『金融法務事情』2083号44頁）。

　エ　さらに，被相続人の債権者による差押えについては，被相続人の金
銭債務が法律上当然に分割されるため，相続人全員に対し準共有持分を差し
押さえることにより取り立てることができると思われる。

(6)　本条払戻し制度の施行日

　本条払戻し制度は，施行日前の相続であっても，施行日以後に払戻し請求
がされた場合には適用がある。

（村島　雅弘）

第3　遺産分割前の預貯金債権の仮分割の仮処分

〔民法及び家事事件手続法の一部を改正する法律案〕

家事事件手続法第200条（遺産の分割の審判を本案とする保全処分）
　家庭裁判所（第105条第2項の場合にあっては高等裁判所。次項及び第3項
において同じ。）は，遺産の分割の審判又は調停の申立てがあった場合におい
て，財産の管理のため必要があるときは，申立てにより又は職権で，担保をた
てさせないで，遺産の分割の申立てについての審判が効力を生ずるまでの間，
財産の管理者を選任し，又は事件の関係人に対し，財産の管理に関する事項を

指示することができる。

2　（略）

3　前項に規定するもののほか，家庭裁判所は，遺産の分割の審判又は調停の申立てがあった場合において，相続財産に属する債務の弁済，相続人の生活費の支弁その他の事情により遺産に属する預貯金債権（民法第466条の5第1項に規定する預貯金債権をいう。以下この項において同じ。）を当該申立てをした者又は相手方が行使する必要があると認めるときは，その申立てにより，遺産に属する特定の預貯金債権の全部又は一部をその者に仮に取得させることができる。ただし，他の共同相続人の利益を害するときは，この限りでない。

4　（略）

1　改正の趣旨

　前述の裁判所を経ない払戻し制度同様，平成28年最高裁決定により預貯金債権が遺産分割の対象となったことから，預貯金の引き出しが認められなくなるという不都合性を解消するため，裁判所を経た仮分割の仮処分を創設するものである。

2　改正の内容

　これまでの家事事件手続法200条の要件を緩和し，家庭裁判所の判断による，遺産の仮分割の仮処分を認めた。

3　改正のポイント

(1)　遺産分割の審判事件を本案とする保全処分を緩和

　遺産分割の調停ないし審判が継続している場合については，改正前家事事件手続法200条2項に「事件の関係人の急迫の危険を防止するため必要があるとき」は「その他必要な保全処分」を家庭裁判所が命じることができるとされていた。しかし，この要件では，改正法200条3項に記載のような「相続人の生活費の支弁」等は認められることは難しいと思われるため，要件を緩和して別項として仮分割の仮処分を規定した。

(2)　仮分割可能な場面について例示列挙とした

　法制審の議論では，もともと①被相続人の債務の弁済，②葬儀費用の弁済，

及び③相続人の生活費の支弁の３項目についての限定列挙として提案されたが，相続税や相続財産に係る共益費用等の弁済などへの対応も含めて，網羅的に記載することが困難であるとして，例示列挙とされたという経緯がある。

(3) 「他の共同相続人の利害」要件について

法制審の議論では，もともと「裁判所が相当と認める」場合という要件を検討していたところ，家事事件手続法200条２項にはかような相当性の要件がないとの指摘や，柔軟な解決が必要な場面があり得るなどの事情により，「他の共同相続人の利害を害するとき」は認められないとして，共同相続人の利害を裁判所の判断基準とされた経緯がある。なお，法制審では，「他の共同相続人の利害」としては，遺産総額に法定相続分を乗じた範囲内が原則となるとの考えが示されている。

(4) 本案係属要件の要否について

遺産分割の審判ないし調停の係属という本案係属要件の要否について，法制審の議論では積極的にかかる要件を不要とする意見はなかったこと，及びそもそも遺産分割調停の申立て自体は比較的簡易な手続でもあること，家事事件の他の手続との整合性に鑑み，この要件は維持されたという経緯がある。なお，遺産の一部分割が可能となったことから，この要件を充足することは比較的に容易になったものと思われる。

(5) 本条による仮分割仮処分の手続

本条に基づく仮分割の仮処分は，あくまでも仮分割を求めるものであるため，債務者は申立人以外の他の相続人である。また，本条による仮分割の仮処分は第三債務者である金融機関に対して効力は及ばない。

(村島 雅弘)

第4 遺産の一部分割

〔改正民法〕

民法第907条
　共同相続人は，次条の規定により被相続人が遺言で禁じた場合を除き，いつでも，その協議で，遺産の全部又は一部の分割をすることができる。

第2章　遺産分割等に関する見直し

> 2　遺産の分割について，共同相続人間に協議が調わないとき，又は協議をすることができないときは，各共同相続人は，その全部又は一部の分割を家庭裁判所に請求することができる。ただし，遺産の一部を分割することにより他の共同相続人の利益を害するおそれがある場合におけるその一部の分割については，この限りでない。
> 3　前項本文の場合において特別の事由があるときは，家庭裁判所は，期間を定めて，遺産の全部又は一部について，その分割を禁ずることができる。

1　改正の趣旨

（1）旧法上，遺産の一部分割（以下「一部分割」という。）を認める明文規定はなかった（ただし，907条3項参照）が，協議による一部分割はよく行われており，調停・審判による一部分割も，必要性と許容性の要件の下，これを認めるのが実務上の運用であった。

（2）このような実務を踏まえ，これを明文で認めようとしたのが，本来の改正の趣旨である。

ただ，中間試案発表の段階（平成28年6月）では，可分債権全てを原則遺産分割の対象とすることが考えられており，また，一部分割も全部分割の例外的制度として位置付けられていた。詳細は，末尾記載のとおりである。

ポイントとしては，例外的に一部分割を認める要件として，中間試案3(1)①が「遺産の範囲について相続人間で争いがあり，その確定を待っていてはその余の財産の分割が著しく遅延するおそれがあるなど，遺産の一部について先に分割する必要がある場合」を示している点であり，また，中間試案3(2)が遺産分割の対象財産に争いのある可分債権が含まれる場合の特則を定めている点である。

（3）ところが，その後，最高裁の判例変更があり，可分債権の中でも遺産分割の対象になるのは預貯金債権等であるとされた（普通預貯金につき最大決平成28年12月19日民集70巻8号2121頁，定期預貯金につき最判平成29年4月6日判タ1437号67頁）。

だとすれば，中間試案3（2）のような可分債権全般に関する定めを置く必要もなく，併せて，中間試案3（1）①のように一部分割の必要性の要件

を厳格に定めそれを充たさなければ却下とすることは裁判を受ける権利との関係でも問題があるのではないかとの指摘もあって，最終的には，例外的に一部分割を許すという形を，原則として一部分割も可能という形とし，逆転させる改正になった。

その意味で，改正そのものはシンプルであるが，遺産分割に関する根本的な改正になっている。

2 改正の内容

(1) 対 象

一部分割といっても多義的で，通常一部分割が可能とされているのは，①相続人全員の合意がある場合，②一部の遺産の評価や遺産性に争いがあってその審理に長期間を要する場合，③全部分割として遺産分割がされた後に他の遺産の存在が判明した場合，④分割を禁止された遺産を除いたその余の遺産を分割する場合である。

ただ，上記②は家事事件手続法73条2項が「家庭裁判所は，家事審判事件の一部が裁判をするのに熟したときは，その一部について審判をすることができる」と定める場合が予定され，その可否は成熟性の要件により判断される。また，上記③は，裁判所にしてみれば，全部分割のつもりでいるから，これに対する特別の規律を設けることにも疑問がある（上記④も同様であろう。）。

その意味で，改正の対象になっている一部分割とは，上記①の場合とされている（部会資料21・14頁）。

(2) 要 件

ア 1項について

そもそも，共同相続人には，遺産についての処分権限があると解されており，改正民法907条1項は「共同相続人は……いつでも，その協議で，遺産の……一部の分割をすることができる」として，それを確認した。

イ 2項本文について

ただ，家庭裁判所が行う審判の場合，そもそも遺産分割とは遺産全体を分割基準に従って総合的に分割するものという考えが基本にあり，これまで慎重な意見も多かったが，実際には一部分割がなされているとの現状に鑑み，

第2章　遺産分割等に関する見直し

改正民法907条2項本文は「各共同相続人は，その……一部の分割を家庭裁判所に請求することができる」として，一部分割を審判として求めることが原則としてできることを明文で認めた。

遺産分割審判については，調停前置主義が採られていること（家事審判手続法257条1項，244条，別表第2-11項）から，調停でも一部分割を求めることが可能ということになる。

申立ての趣旨としては，全部分割の場合は「遺産分割を求める。」というものであるのに対し，一部分割の場合は「別紙遺産全体目録中，○番及び○番の遺産の分割を求める。」というように，分割を求める遺産の範囲を特定することが予定されている（部会資料21・13頁）。上記(1)③を含まないという意味で「別紙遺産全体目録中」という記載が必要とされており，その目録の中では全部の遺産を記載することが求められるということであろう。

なお，申立人以外の共同相続人が，申立人よりも多くの範囲の一部分割を求めた場合，その対象は拡張された範囲での一部の遺産ということになる。その意味で，民事訴訟の処分権主義に基づく一部請求とは異なる。一部分割の申立てと全部分割の申立てが重複した場合，立法担当者は，それぞれを別事件と考えているようである（部会資料21・14頁参照）。

ウ　2項ただし書について

a　従前，一部分割の要件とされていたのは，必要性（本項末尾の中間試案3（1）①が定めていた「遺産の範囲について相続人間で争いがあり，その確定を待っていてはその余の財産の分割が著しく遅延するおそれがあるなど，遺産の一部について先に分割する必要がある場合」という要件参照）と許容性であったが，前述したとおり，一部分割の対象が上記①の場合（全相続人の合意がある場合）に限られるとするなら，殊更明文化する必要はないと考えられた。

その意味で，許容性の要件だけが，一部分割ができない場合という形で消極的に示され，改正民法907条2項ただし書が「他の共同相続人の利益を害するおそれがある場合におけるその一部分割については，この限りでない」としている。

b　問題は「他の共同相続人の利益を害するおそれがある場合」とはどのような場合かである。この点，部会資料21は，具体的相続分を基準に考

えているのではないかと思われる。

まず、部会資料21によれば「具体的には、特別受益等について検討し、代償金、換価等の分割方法をも検討した上で、最終的に適正な分割を達成しうるという明確な見通しが得られた場合に許容されるものと考えられ、一部分割においては具体的相続分を超過する遺産を取得させることとなるおそれがある場合であっても、残部分割の際に当該遺産を取得する相続人が代償金を支払うことが確実視されるような場合であれば、一部分割を行うことも可能である」とする（部会資料21・15頁）。

その上で「最終的に適正な分割を達成しうるという明確な見通しが立たない場合には、当事者が遺産の一部について遺産分割をすることに合意があったとしても、家庭裁判所は一部分割の審判をするのは相当ではなく、当該一部分割の請求は不適法であるとして、却下するのが相当である」とする（部会資料21・15頁）。

その場合「直ちに却下するのではなく、釈明権を行使して、当事者に申立ての範囲を拡張しないのか否か確認をするという運用」が示唆されてはいるが、最終的には「遺産分割の範囲について、一次的には当事者の処分権を認めつつも、それによって適正な遺産分割が実現できない場合には、家庭裁判所の後見的な役割を優先させ、当事者の処分権を認めないという考えに基づく」ものと結論付けている。

　　c　ちなみに、改正家事事件手続法200条3項は、預貯金債権に関する仮分割制度を創設し、その中で「ただし、他の共同相続人の利益を害するときは、この限りでない」として、類似の文言を置く。この点に関し部会資料20・4頁は、この要件を置くことで「原則として、遺産の総額に法定相続分を乗じた額の範囲内で仮払いを認める」とする。

その意味で、文言が同じであるにもかかわらず、異なった解釈をする場合といえるが、それは仮分割制度が一時的で仮のものであるのに対し、一部分割が一部とはいえ最終的な分割であるという制度の違いから説明されることになるのかと思われる。

エ　3項について

改正民法907条3項が対象としているのは、前項ないしは前項ただし書ではなく「前項本文」の場合であるから、家庭裁判所が分割を禁止することが

第2章　遺産分割等に関する見直し

できるのは，一部分割の対象遺産それ自体に遺言の定め等分割を禁止すべき
事由が存在する場合（詳細は，谷口知平ほか編『新版注釈民法（27）相続（2）』
（有斐閣，2013年）379頁〔伊藤昌司〕）と考えられる。

3　実務上のポイント

(1)　申立ての増加

可分債権全般が遺産分割の対象とされなかったとはいえ，遺産において預
貯金等の占める割合は多く，また，重要である。その意味で，一部分割の申
立てがなされる場面は，かなり増えると思われる。

ただ，一部分割審判は「他の共同相続人の利益を害するおそれがある場合」
には許されない（改正民法907条2項ただし書）。前述した仮分割制度（改正家
事事件手続法200条3項ただし書参照）以上に「おそれ」があれば足りるとされ
ていることころから，ただし書が発動される場面がより広がる可能性を有し
ており，結局この要件に関する判断が，制度の運用を，広めるのか狭めるの
かを決める。

(2)　一部分割の運用について

ア　この点に関する部会資料21・15頁の記載は，前述したとおりで，慎
重である。そこでは，一部分割をする場合であっても，特別受益等を検討し
た上での「明確な見通し」が求められ，具体的相続分を超過する遺産を取得
させることとなるおそれがある場合には，残部分割において代償金の支払が
「確実視」されることが必要とされている。その理由としては，一部とはいえ
遺産分割であるから，分割基準に従うべきという考えが基本にあって，背景
事情としては，一部分割を安易に認めると，それが繰り返されて，その度に
裁判所は特別受益等の判断をしなければならなくなること等に対する懸念が
あるように思われる。

しかし，相手方である共同相続人としては，申立人の求める一部分割の範
囲では，自らの具体的相続分についての利益が害されるおそれがあるという
ことであれば，求める分割の範囲を（一部で不十分であれば全部についてまで）
広げていくであろう。その意味で，無駄な一部分割が繰り返されるというこ
とは，考えにくいように思われる。

イ　ちなみに，部会資料21に記載されているような考え方は，中間試案

52

第4　遺産の一部分割

の段階からも、うかがい知れた。例えば、本項末尾の中間試案3（1）②、④では「一部分割の審判をしたときは、残余の遺産の分割（以下「残部分割」という。）において」特別受益や寄与分についての判断をしないことが原則とされており、一部分割の段階で原則として特別受益等の判断をすべきという提案である（これを逆の視点から述べたのが部会資料21の記載であり、具体的相続分を侵害するおそれがあるなら、一部分割はできないという形になっている。）。

　ところが、かかる中間試案に関するパブリックコメントとしては「遺産全体の範囲や評価が未確定であるため、特別受益や寄与分による調整を十分に行うことは困難であり、実務上も、一部分割は当面必要な部分に限って行われ、特別受益や寄与分の調整は残部分割において行われている例が相当数ある」として「これに反対する意見が多数を占めた」ということであった（部会資料14・10頁）。

　ウ　結局、一部分割の段階では、具体的相続分そのものが明らかにならないことが多いところ、そのような場合において「他の相続人の利益を害するおそれが」「ない」として、すんなりと一部分割を認めるのか、それとも「おそれがない」とは「いえない」として、一部分割を認めないかは、今後の運用を見ていかなければならないということである。

　ただ、部会資料21・15頁が、特別受益等を検討した上での「明確な見通し」を求めていることからすれば、後者の判断がされる場合が多いのかもしれないが、その際には、一部分割をするにつき、共同相続人全員の真摯な合意が得られているにもかかわらず、なぜこれを、裁判所が「却下」するのか、その場合の「後見的な役割」とは、具体的にはどのようなものか、分析することが重要になろう。

(3) 未分割遺産の増加

　なお、一部分割を正面から認めると、その反面、分割を希望する者が少ない山林、農地、空家といった不動産が未分割のまま放置され、代を重ねると所有者の把握すら難しくなり、結果として、電気、水道、ガス、環境といった社会全体のインフラ整備にも影響を与えることが懸念されている（そのような場合に備え所有者不明土地の利用の円滑化等に関する特別措置法が、平成30年6月に制定され令和元年6月に全面施行された。）。

　そのような観点から「公益的な観点から一部分割の請求を認めない場合も

第2章　遺産分割等に関する見直し

含められるような要件設定にすべきではないか」という意見もあったようで
あるが，立法担当者としては，共同相続人は「いつでも，その協議で，遺産
の分割をすることができる」のが原則である等として，この点に関しては懐
疑的であった（部会資料22・9頁）。

〔中間試案〕

> 3　一部分割の要件及び残余の遺産分割における規律の明確化等
> 　(1)　一部分割の要件及び残余の遺産分割における規律の明確化
> 　　①　家庭裁判所は，遺産の範囲について相続人間で争いがあり，その確定
> 　　　を待っていてはその余の財産の分割が著しく遅延するおそれがあるな
> 　　　ど，遺産の一部について先に分割する必要がある場合において，相当と
> 　　　認めるときは，遺産の一部についてのみ，分割の審判をすることができ
> 　　　るものとする。
> 　　②　一部分割の審判をしたときは，残余の遺産の分割（以下「残部分割」
> 　　　という。）においては，民法第903条及び第904条の規定（特別受益者の
> 　　　相続分に関する規定）を適用しないものとする。ただし，一部分割の審
> 　　　判において，特別受益に該当する遺贈又は贈与の全部又は一部を考慮す
> 　　　ることができなかった場合はこの限りでないものとする。
> 　　③　②本文の規律は，相続人間の協議により一部分割がされた場合（注）
> 　　　にも適用するものとする。ただし，当該協議において相続人が別段の意
> 　　　思を表示したときはこの限りでないものとする。
> 　　④　一部分割の審判をしたときは，残余分割においては，民法第904条の
> 　　　2の規定（寄与分に関する規定）は適用しないものとする。ただし，相
> 　　　続人中に，残余分割の対象とされた遺産の維持又は増加について特別の
> 　　　寄与をした者がある場合において，一部分割の審判の中で，その寄与を
> 　　　考慮することができなかったときは，この限りでないものとする。
> 　　⑤　④の規律は，相続人間の協議により一部分割がされた場合にも適用す
> 　　　るものとする。ただし，当該協議において相続人が別段の意思を表示し
> 　　　たときはこの限りでないものとする。
> 　(注)調停により一部分割がされた場合も同様の取扱いをすることを想定している
> 　　　（⑤においても同じ。）
> 　(2)　遺産分割の対象財産に争いのある可分債権が含まれる場合の特則

家庭裁判所は，相続人間で可分債権の有無及び額について争いがある場合であっても，相当と認めるときは，遺産分割の審判において，その可分債権を法定相続分に従って各相続人に取得させる旨を定めることができるものとする。

（村上　博一）

第5　遺産の分割前に遺産が処分された場合の遺産の範囲

〔新設　改正民法906条の2〕

1　遺産の分割前に遺産に属する財産が処分された場合であっても，共同相続人は，その全員の同意により，当該処分された財産が遺産の分割時に遺産として存在するものとみなすことができる。
2　前項の規定にかかわらず，共同相続人の一人又は数人により同項の財産が処分されたときは，当該共同相続人については，同項の同意を得ることを要しない。

1　改正の趣旨

遺産は共同相続人の共有となるところ（898条），これは物権法上の共有と同じであり（最判昭和30年5月31日民集9巻6号793頁），遺産分割前に共同相続人がその共有持分を処分することが可能である（最判昭和38年2月22日民集17巻1号235頁）。他方で，遺産分割は，相続開始時に存在し，かつ，遺産分割時に存在する被相続人の財産を遺産として分割するところ，旧法下では，相続開始後遺産分割時までに共同相続人が処分した遺産について遺産分割の対象とする規定も判例もなかった。そのため，遺産分割において遺産分割前に処分された財産を当然にはその対象とすることができず，その結果，遺産分割前に遺産を処分した者が，処分をしなかった者と比べて取得額が増えて不当に利得するという事態が生じ得た。そのため，公平かつ公正な遺産分割を実現すべく，これを是正する規律として本条が新設された。

55

2 改正の概要

　遺産分割前に遺産が処分された場合，共同相続人全員の同意により，当該処分された財産（以下「処分財産」という。）が遺産として存在するとみなして遺産分割をすることができる。また，その処分が共同相続人（共同相続人ら）によってなされた場合は同人（同人ら）の同意なくとも，遺産として存在しているとみなして遺産分割をすることができる。

　旧法下においても，共同相続人全員の同意があれば，遺産分割前に処分された遺産について，遺産分割時になお遺産として存在する前提で遺産分割を行うことは可能とされており，実務上もそのような遺産分割は行われていたところである（最判昭和54年2月22日集民126号129頁）。もっとも，全員の同意が必要であり，共同相続人のうちの1人が遺産を処分し利得していることが明らかな場合であっても，同人も含めて全員が同意しない限りは，遺産分割調停ないし審判とは別に地方裁判所における不法行為ないし不当利得にかかる訴訟を提起してその是正を図らなくてはならなかった。そこで本改正は，遺産を処分した共同相続人（共同相続人ら）の同意を不要とし，公平かつ公正な遺産分割の一回的解決を図ることを主眼としている。

3 改正の内容

(1) 1項の趣旨

　上記2で述べたとおり，1項は，遺産分割前に遺産に属する財産が処分され，遺産分割時には現存しない場合であっても，共同相続人の全員の同意があれば当該財産がなお遺産に存在するものとみなして遺産分割ができるという従前の解釈・実務の運用を明文化したものである。

(2) 2項の趣旨

　これに対し，2項は，当該財産を処分した者（以下「処分者」という。）が共同相続人である場合（1人であるか複数人であるかを問わない）に，当該処分者の同意がなくとも，その他の共同相続人の同意があれば，処分財産を遺産分割の対象に含めることができることとするもので，公平かつ公正な遺産分割の一回的解決を図る手段を新設したものである。

(3) 2項の要件事実

2項の要件事実は次のとおりである。

① 処分財産が相続開始時に遺産に属していたこと

② 処分財産を共同相続人の1人又は数人が処分したこと（処分要件）

③ 処分財産を処分した共同相続人以外の共同相続人全員が処分財産を遺産分割の対象に含めることに同意していること（同意要件）

(4) 処分要件について

処分財産の処分は共同相続人（1人でも複数でも可）によって行われたことであることが必要である。第三者によって処分された場合には2項の適用はない。すなわち，第三者によって処分された場合は，共同相続人全員の同意があれば1項により遺産分割時に遺産として存在するとみなすことができるが，全員の同意がなければ，遺産分割の対象とならない。なお，第三者によって財産が処分されていた場合で，共同相続人全員がなお現存すると誤信して当該財産を遺産分割の対象とすることに同意して遺産分割を行った場合には，当該財産が遺産の大部分又は重要な部分として扱われていたといった特段の事情がない限り，原則として行われた遺産分割は有効と解され（名古屋高決平成10年10月13日高民集51巻3号128頁），共同相続人間の担保責任（911条）の問題として処理されることになる（当該財産が遺産の大部分又は重要な部分として扱われていた場合には遺産分割は無効となる。例えば，相続人A，B及びCの誰もが被相続人が大切にしていた高額な指輪を欲し，指輪を相続できるのであればその他の財産は要らないと考え，実際に，Aは指輪だけを取得し，その余の財産（価額は指輪を下回る）をB・Cで分けた場合で，遺産分割時に現存すると思われていた指輪が第三者によって処分されていた場合には，指輪は遺産の大部分又は重要部分として扱われていたとして遺産分割が無効になると解される。）。

なお，「処分」とは，預貯金の払戻しのように遺産に含まれる財産を法律上消滅させる行為だけでなく，不動産の共有持分を第三者に譲渡する行為や，動産を毀損・滅失させる行為も含まれる。

(5) 同意要件について

ア 同意の対象について

同意の対象は，「処分財産を遺産分割の対象に含めること（遺産分割時に遺

産として存在するとみなすこと）」である。処分財産が誰によって処分されたの
か（第三者によって処分されたのか否か，共同相続人のうち誰によって処分された
のか）については同意の対象ではない。したがって，ある財産（例えば宝石）
について遺産に含まれていた（例えば，被相続人が金庫で保管しており，相続開
始時に同金庫内に存在していた。）が，現時点では何者かによって処分されてい
て現存しない，処分したのは共同相続人のうちの誰かであることについては
共同相続人間に争いがない，しかし，それが誰なのかについては争いがある
ような場合であっても，共同相続人全員がこれを遺産分割の対象に含めるこ
とについては同意している場合（例えば，相続人がA，B及びCで，AはBが処
分したと考え，B及びCはAが処分したと考えているが，A，B及びCのいずれも
遺産分割の対象に含めることについては同意している場合）は，同意要件を満た
すことになる（これは1項からして当然のことでもある。）。

　もっとも，上の例でA又はBのいずれが処分財産を処分したかについて争
いが激しい場合（AはBが処分したことを前提に同意を表明し，BはAが処分し
たことを前提に同意を表明しており，A・B間で処分者について激しく争っている
場合等）には，A又はBの真意として遺産に組み入れることの同意がないと
みるべき場合もあり得る。そのような場合には，遺産分割時に遺産として存
在するものとみなすことに一方が同意をしないものとして，他方が後述のみ
なし遺産にかかる遺産確認の訴えを提起することが認められる場合もあると
考えられる（部会資料25－2・13頁）。

イ　同意を要する者について

　処分した共同相続人の同意は不要であるが，それ以外の共同相続人につい
ては全員の同意が必要である。

ウ　同意の撤回の可否等

　同意の撤回は認められない。これは共同相続人全員の同意が成立した時点
で，処分財産を遺産としてみなすという実体法上の効果が生じるため，これ
を一部の共同相続人の意思のみによって覆滅させることができるとするのは
相当ではないからである。もっとも，同意は意思表示であるため，民法総則
に定める無効・取消しに関する規定は適用される。なお，被保佐人が同意す
るに当たって保佐人の同意を得る必要があるかについては，いずれの立場も
あり得ることから解釈に委ねられている（部会資料25－2・13頁）。

エ　同意請求訴訟

　改正過程においては，当初は，処分者は「同意を拒むことができない」とする案が検討されていた（部会資料23。もっとも，このように規定すると，処分者に対し同意を求める訴訟（同意請求訴訟）を提起してその勝訴判決を得る必要があるという疑義が生じかねないことから，「同意を得ることを要しない」という表現となった（これにより同意請求訴訟は必要ないことが明確になっている。）。

(6)　処分財産が遺産とみなされることの確認の訴え（遺産確認の訴え）

ア　適法性（訴えの利益が認められるか）

　　a　みなし遺産の要件（(3)①ないし③）のいずれかに争いがある場合に，処分財産が遺産とみなされることにつき，確認の訴え（遺産確認の訴え）は認められるか

　これについては，通常の遺産確認の訴えと同様に，現在の法律関係の確認（みなし遺産という現在の法律関係の確認）として認められる（最判昭和61年3月13日民集40巻2号389頁。遺産確認の訴えを過去の法律関係の確認とみる考えも有力であったが，判例はこの考えに立たなかったところ，みなし遺産にかかる遺産確認の訴えにおいても同様に解される[1]。）。

　　b　処分要件に争いがある場合に処分者が誰か等処分要件そのものの確認の訴えは認められるか（例えば，相続人がA，B，Cで，A及びBはCが処分したと主張し，処分財産を遺産に含めることを同意しているが，CはA又は第三者が処分をしたと主張し，処分財産を遺産に含めることを同意しており，AがCが処分行為者であることの確認を求める場合）

　この点，処分者の確認（Cが処分財産を処分したことの確認）は過去の事実の確認であるところ，改正過程では，確認の利益が認められるのかについて，処分要件の確認が真に必要であり，解釈論として確認の利益が肯定できるの

---

[1]　「遺産確認の訴えは，右のような共有持分の割合は問題にせず，端的に，当該財産が現に被相続人の遺産に属すること，換言すれば，当該財産が現に共同相続人による遺産分割前の共有関係にあることの確認を求める訴えであって，その原告勝訴の確定判決は，当該財産が遺産分割の対象たる財産であることを既判力をもつて確定し，したがつて，これに続く遺産分割審判の手続において及びその審判の確定後に当該財産の遺産帰属性を争うことを許さず，もつて，原告の前記意思によりかなった紛争の解決を図ることができるところであるから，かかる訴えは適法というべきである。」と判示されている。

第2章　遺産分割等に関する見直し

か疑義があるのであれば，証書真否確認の訴え（民訴法134条）のように特別の規定を明文化することも検討されたものの，最終的に規定は見送られ，解釈に委ねられた（部会資料25－2・12頁）。

　訴えの利益は，原告の権利又は法律的地位に危険・不安定が現存し，かつ，その危険・不安定を除去する方法として当該請求について判決することが有効適切である場合に認められるところ，原則として，現在の法律ないし権利関係の確認にしか認められないこと（例外的に過去の法律関係で訴えの利益が認められたものとして，遺言無効確認の訴え（最判昭和47年11月9日民集26巻1号30頁），親子関係存否確認の訴え（最大判昭和45年7月15日民集4巻7号861頁）），証書真否確認の訴えは事実の存否の確認ではあるものの例外的に明文規定でもって認められていることからすると，明文規定がない以上は，処分要件そのものの確認の訴えは認められないと解する。

　もっとも，処分者について争いがある場合，処分財産が遺産とみなされることの確認の訴えの理由中の判断で処分者についても判断されることが多いといえ，仮に，遺産分割において処分者を誤認し，真の処分者ではない者に処分財産を帰属させることになったとしても，それによって遺産分割自体の効力には影響はなく，遺産分割審判が事後的に覆ることはないから，法的安定性を害することはない。なお，この場合，遺産分割審判における処分者の判断に既判力はないから，事後に不法行為に基づく損害賠償請求訴訟又は不当利得返還請求訴訟にて共同相続人間の不公平の是正が図られることになる。

イ　遺産確認の訴えにおける主文

　主文は，「別紙処分財産目録記載の財産が被相続人の遺産に属することを確認する」「平成○年○月○日及び○月○日に払い戻された預金各○○円は被相続人の遺産であることを確認する」となる（部会資料25－2・12頁）。

(7)　代償財産について

　改正過程においては，代償財産（処分により得られた財産）についても，みなし遺産の対象にすること等も検討されていたが（部会資料24－3），改正前民法下の実務から離れることから，みなし遺産の対象としないこととなった。

4　実務上のポイント（まとめ）

　(1)　相続発生後に被相続人の預貯金口座から多額の払戻しがなされたこと

が原因となって共同相続人間で紛争が激化するケースは少なくない。この場合，払戻しの可能性がある共同相続人について，例えば，被相続人と同居していた又は被相続人の近所に居住して被相続人の世話をしていた者のように，1人又は複数人に特定できることも少なからずある。

しかしながら，上述のように，旧法下では，遺産分割手続内においてこれを調整する規律が存在しないことから，全員の合意がない限り，処分財産は対象とせずに遺産分割を行うしかなく，共同相続人間の不公平是正のためには，別途，地方裁判所において不法行為又は不当利得にかかる訴訟を提起するしかなかった。しかも，具体的相続分に権利性が認められないとされることから（最判平成12年2月24日民集54巻2号523頁），不法行為又は不当利得にかかる訴訟において，具体的相続分を前提とした損害又は損失が算定されずに法定相続分を前提とした損害又は損失が算定され，その結果，不公平が十分に是正されない可能性も否定できなかった。

本条は，このような遺産分割前の遺産の処分について，可能な限り，家庭裁判所における遺産分割手続内で一回的解決を図ろうとするものである（なお，本条において対象となるのは，相続開始後遺産分割までに処分された財産であり，相続開始前の預貯金の払戻し等については，従前どおり，不法行為又は不当利得にかかる訴訟によって解決を図ることになる。）。

(2) 本条の新設によっても，従前と同様に，不法行為又は不当利得に基づく請求は可能と解されている。すなわち，預貯金について遺産分割の対象となるとした判例（最大決平成28年12月19日民集70巻8号2121頁，最判平成29年4月6日集民255号129頁）を前提としても，相続人の一部が法律上の権原なく預貯金を払い戻した場合，他の相続人の準共有持分権を侵害することになるから，法定相続分又は指定相続分に基づいて，不法行為に基づく損害賠償請求又は不当利得に基づく返還請求が可能である。したがって，代理人としては，従前より選択肢が増えたことになり，事案毎にいずれが適切かを検討する必要がある（なお，改正過程においては，処分財産について処分者以外の共同相続人がその具体的相続分に応じて求償請求権を有するという案も検討されていた（中間整理後に追加された民法（相続関係）等の改正に関する試案（追加試案）2頁第2・4）が，上述の具体的相続分に権利性を認めない判例（最判平成12年2月24日民集54巻2号523頁）との整合性や不法行為ないし不当利得にかかる請求との関係

第2章 遺産分割等に関する見直し

性等が問題とされ，同案は採用されなかった。)。

例えば，処分者が明確に特定できる場合には，本条によって遺産分割内で一回的解決を図ることになろう。特に，共同相続人が多数の場合には，処分行為者以外の共同相続人が各自遺産分割とは別に不法行為又は不当利得にかかる訴訟を提起するのは煩雑であり，訴訟不経済でもあるから，本条による一回的解決が相当であろう。

他方で，処分者が特定できない場合ないし処分行為者について激しい争いがある場合，上述のように，処分要件のみについての確認の訴えは認められず，みなし遺産として遺産分割審判がなされても，事後的に不法行為又は不当利得にて解決を図らなければならない可能性がある。また，家庭裁判所もみなし遺産とすることに消極的であることが予想される。このような場合には，まず遺産確認の訴えを行うか，みなし遺産にはこだわらずに，現存する遺産のみ遺産分割を進め，処分財産については，当初から，別途，不法行為又は不当利得にかかる訴訟を検討せざるを得ないであろう。

代理人としては，依頼者の意向，他の共同相続人の動向，立証可能性等諸般の事情を加味して，いずれの手段が適切か事前に慎重に検討することになるといえる。

(3) 不法行為又は不当利得にかかる訴訟と遺産確認の訴えといずれも併存的に行うことができるのか，不法行為又は不当利得にかかる訴訟前に処分財産に保全処分を行っていた場合はどうか等両訴訟の関係については，明らかではなく解釈に委ねられているといえる。

本条の新設の趣旨が，遺産分割前の遺産の処分について可能な限り，遺産分割手続内で一回的解決を図るところにあり，本条の新設後も，不法行為又は不当利得にかかる請求が認められる理由も，共同相続人の選択肢を増やし，遺産分割にかかる紛争の速やかな解決を図るところにあることからすると，これらの訴訟を併存的に行うこともでき，訴訟前に保全処分が行われていたとしても，その理は同じであると解される。このように解したとしても，先行する訴訟の判断（理由中の判断を含む。）を後行の訴訟において尊重することにおいて，可能な限り矛盾する判断は回避できよう。

また，同様の趣旨から，後から新たに遺産分割前に処分された遺産が見つかった場合（例えば，相続人がA，B及びCで，Cが不動産甲を遺産分割前に処

62

分したとして，Aが遺産確認の訴えとともに，Cに対し，不法行為に基づく損害賠償請求を提起していたところ，新たにBも不動産乙を遺産分割前に処分していたことが判明した場合），新たに判明した処分された遺産について，遺産確認の訴えを提起することも，Bに対する不法行為又は不当利得にかかる訴訟を提起することも，これらを同時並行的に提起することも許されると解する。

　いずれにせよ，みなし遺産と認められることにつき争いがある場合には，遺産分割の審判後に不法行為ないし不当利得にかかる訴訟を提起することとするのか，前提問題として遺産確認の訴えを提起するか，又は，同時並行的に不法行為ないし不当利得にかかる訴訟を提起するのかについて，事案の見通しを立てながら検討することになろう。

（田中　智晴）

第3章 遺言制度の見直し

第1 自筆証書遺言の方式緩和

〔改正民法968条（自筆証書遺言）〕

1 自筆証書によって遺言をするには，遺言者が，その全文，日付及び氏名を自書し，これに印を押さなければならない。
2 前項の規定にかかわらず，自筆証書にこれと一体のものとして相続財産（第997条第1項に規定する場合における同項に規定する権利を含む。）の全部又は一部の目録を添付する場合には，その目録については，自書することを要しない。この場合において，遺言者は，その目録の毎葉（自書によらない記載がその両面にある場合にあっては，その両面）に署名し，印を押さなければならない。
3 自筆証書（前項の目録を含む。）中の加除その他の変更は，遺言者が，その場所を指示し，これを変更した旨を付記して特にこれに署名し，かつ，その変更の場所に印を押さなければその効力を生じない。

1 改正の趣旨

　自筆証書遺言の方式緩和によって，遺言者の負担を軽減させ，遺言書作成の促進を図る。

2 改正の概要

　財産の特定に関する自筆証書遺言の方式を緩和することとして，財産の特定に限り，自書でなくてもよいとされた（印字された物件目録の利用が認められる）。なお，その他の方式や加除訂正の方法に変更はない。

65

3 改正の内容

(1) 自筆証書遺言の方式

ア 原則

①全文の自書，②日付の自書，③氏名の自書，④押印

イ 改正民法における例外（方法の緩和）

上記①の要件につき一部例外を認める。

自筆証書にこれと「一体のもの」として「相続財産（第997条第1項に規定する場合における同項に規定する権利を含む。）の全部又は一部の目録」を「添付する」場合に限って，その目録については自書を不要とし，「毎葉（自書によらない記載がその両面にある場合にあっては，その両面）の署名及び押印」に代えることができるようにした。

(2) 緩和された方式（例外が認められる場合）

ア 「相続財産（第997条第1項に規定する場合における同項に規定する権利を含む。）の全部又は一部の目録」

自書を要しないとの例外は，「相続財産（相続財産に属するかどうかにかかわらず遺贈の目的とされた相続財産に属しない権利を含む。）の全部又は一部の目録」（財産目録）に限定される。

この「財産目録」は，遺言者がパソコン等で作成したものに限定されるわけではなく，他の資料（例えば，不動産につき登記事項証明書の写し，預貯金につき通帳の写し等）でも構わない。これは，あくまで財産の特定明示の観点から質的な差異がなければ問題がないといえるからである。

イ 「自筆証書にこれと一体のものとして（一体性）」

a 「一体性」要件

目録も含めて遺言書としての一体性を有する必要がある。

b 「一体性」要件に方法の限定はない

「一体性」要件を満たす方法に限定はない。例えば各頁への契印や封筒に入れて封印する方法，ホッチキス止めする方法等が考えられる。ただし，方法次第で，一体性に疑義を招くおそれがあることに注意を要する。

c 一部の頁にのみ署名又は押印を欠く場合

一部の頁にのみ，署名又は押印を欠く場合の遺言書の効力について，基本

的には（例えば，当該頁に記載された財産を遺贈等の目的財産としている場合），当該頁のみが方式違背により無効になる（その遺贈は効力を有しないことになる）と考えられる。

しかし，当該頁の記載を欠くことにより遺言の内容が成立しなくなるという場合（例えば，財産の特定に関する記載が当該頁のみにあるため，その頁がなければ遺贈等の対象財産を特定できない場合）には，全体として無効になる場合もあり得る。

遺言書記載の趣旨を踏まえ，個別に判断されることになる。

ウ 「添付する場合」

自書を要しないとの例外には，「添付する場合」との要件が課せられている。そのため，1頁に自書による部分と印刷による部分とを混在させることは認められない。

エ 「目録の毎葉（自書によらない記載がその両面にある場合にあっては，その両面）の署名及び押印」

添付された財産目録には，毎葉の署名及び押印を要する。また，自書によらない記載がその両面にある場合にあっては，その両面に署名及び押印をする必要がある。

これは，自書によらない別紙部分の差し替えや裏面に印刷をする方法等を防止するために設けられた要件である。

オ 同一の印による押捺でなくてもよい

以上のほか，「同一の印の押捺」を要求すべきかという点も法制審で議論された。しかし，別の印で押捺されていることをもって直ちに当該追加部分を無効にすることは方式として厳格にすぎる等との理由で「同一の印の押捺」は要求されないこととなった。

(3) 加除訂正の方法（改正民法968条3項（旧法968条2項））

改正民法968条3項は，旧法968条2項を改正した条項であり，「（前項の目録を含む。）」との括弧書きが追記された。

括弧書きの追記は，前項（改正民法968条2項）の「自筆証書」が目録を除いた部分を指すと読めることから，目録中の記載の加除訂正ができないとの誤解を招くおそれがあるとの理由で，目録中の記載も加除訂正できることを明確にしたにすぎない。

第3章　遺言制度の見直し

(4)　**施行期日**（附則1条2号，2条，6条）

本改正の施行期日は，平成31年1月13日（公布の日から起算して6月を経過した日）であり，他の改正とは異なる。

また，施行期日前に作成された自筆証書遺言は，なお従前の例によるとされるので（附則6条），今後，遺言の作成日には注意を要する。

4　実務上のポイント（まとめ）

すべてに自書が必要であった自筆証書遺言の方式が緩和され，財産目録の財産特定部分に限り，自書が不要となった。これによって，例えば不動産や預貯金口座が多数あるなど財産特定のための記載事項が多い場合にも，登記や資料写しを添付すれば，自書に代えることができるようになり，遺言者として手間を省くことができるようになった。

ただし，目録毎葉の署名及び押印等といった代替要件や施行期日には注意を要する。

〔図表（自筆証書遺言の要件　改正民法968条1項，同2項）〕

			原則	例外（改正によって可能に）	
①	全文	相続財産	自書	A	目録（※自書不要）
				B	遺言との一体性
				C	遺言に添付 （※1頁に自書部分と印刷部分との混在は認められない。）
				D	毎葉の署名・押印
		本文その他	自書		
②	日付		自書		
③	氏名		自書		
④	押印				

※　加除訂正の方法は，目録も同じく，その場所を指示し，これを変更した旨を付記して特にこれに署名し，かつ，その変更の場所に印を押す（改正民法968条3項）。

（山本　隼平）

第2　遺言書保管制度

1　制定の趣旨

　高齢化の進展等の社会経済情勢の変化に鑑み，相続をめぐる紛争を防止するため，法務局において自筆証書遺言に係る遺言書の保管及び情報の管理を行う制度を創設する。そして，当該遺言書については，家庭裁判所の検認を要しないこととする等の措置を講じる。

　これによって，遺言書の紛失や隠匿の防止につながり，遺言書の有無の検索を可能とすることにより相続人の利便性の向上を図ることを目的とする。

2　制定の概要

　法務局（法務局の支局及び出張所，法務局の支局の出張所並びに地方法務局及びその支局並びにこれらの出張所を含む。）における自筆証書遺言（改正民法968条）の保管及び情報の管理に関し必要な事項を定め，その遺言書の取扱いに関し特別の定めを設ける。法務局における遺言書の保管等に関する法律（以下，本稿において「新法」という。）。

3　新法の内容

(1)　遺言書保管場所

　法務局において遺言書保管所を設け，同所で自筆証書遺言を保管することができる（法2条）。

(2)　保管申請者

　保管の申請者は，遺言者のみ（法4条1項）。

(3)　管轄の遺言書保管所（法4条3項）

ア　保管制度をはじめて利用する場合

　①遺言者住所地，②遺言者本籍地，③遺言者が所有する不動産の所在地を管轄する遺言書保管所のいずれか。

イ　すでに保管制度を利用している場合

　他の遺言書が現に保管されている遺言書保管所

第 3 章　遺言制度の見直し

(4) 保管の申請方法

ア　遺言者自らの出頭が必要（法 4 条 6 項）

イ　申請時に提出するもの（法 4 条 2 項，4 項，5 項）

①　自筆証書遺言（法 4 条 2 項）

ⅰ　法務省令で定める様式に従って作成したもの

ⅱ　無封

②　申請書（法 4 条 4 項）

ⅰ　遺言書に記載されている作成年月日

ⅱ　遺言者の氏名・出生年月日・住所・本籍（外国人は国籍）

ⅲ　遺言書に受遺者の記載があるときは，その氏名又は名称・住所

ⅳ　遺言書に遺言執行者（民法1006条 1 項）の記載があるときは，その氏名又は名称・住所

ⅴ　その他，法務省令で定める事項

③　遺言者の氏名・出生年月日・住所・本籍（外国人は国籍）に掲げる事項を証明する書類その他法務省令で定める書類（法 4 条 5 項）

(5) 本人確認方法（法 5 条）

　保管の申請があった場合，遺言書保管官は，申請人に対し，法務省令で定めるところにより，当該申請人が本人であるかどうかの確認をするため，当該申請人の特定に必要な氏名その他の法務省令で定める事項を示す書類の提示若しくは提出又はこれらの事項について説明を求める。

(6) 保管方法・遺言書の廃棄

　遺言書保管官が遺言書保管所の施設内において保管する（法 6 条 1 項）。

　遺言書保管官は，遺言書の保管において，遺言者の死亡の日（遺言者の生死が明らかでない場合にあっては，これに相当する日として政令で定める日）から相続に関する紛争を防止する必要があると認められる期間として政令で定める期間が経過した後は，これを廃棄することができる（法 6 条 5 項）。

(7) 遺言者本人による遺言書の閲覧

　遺言者は，その申請に係る遺言書が保管されている遺言書保管所（「特定遺言書保管所」）の遺言書保管官に対し，いつでも当該遺言書の閲覧を請求できる。

　遺言者がこの請求をするときは，特定遺言書保管所に自ら出頭しなければ

ならない（法6条4項前段）。また，法務省令で定めるところにより，その旨を記載した請求書に法務省令で定める書類を添付して，遺言書保管官に提出しなければならない（法6条3項）。

このとき，遺言書保管官は，申請人に対し，法務省令で定めるところにより，当該申請人が本人であるかどうかの確認をするため，当該申請人の特定に必要な氏名その他の法務省令で定める事項を示す書類の提示若しくは提出又はこれらの事項について説明を求める（法6条4項後段，5条）。

(8) 遺言書情報の管理義務（遺言書保管官の義務）

ア 遺言書情報の管理義務

遺言書保管官は，遺言書に係る情報の管理をしなければならない（法7条1項）。

イ 遺言書に係る情報の管理方法

遺言書保管ファイル（磁気ディスク等一定の事項を確実に記録することができる物で調製する）に，①遺言書の画像情報，②法4条4項1号から3号までに掲げる事項，③遺言書の保管を開始した年月日，④遺言書が保管されている遺言書保管所の名称及び保管番号を記録する（法7条2項）。

ウ 遺言書情報の消去

遺言書保管官は，遺言書の保管において，遺言者の死亡の日（遺言者の生死が明らかでない場合にあっては，これに相当する日として政令で定める日）から相続に関する紛争を防止する必要があると認められる期間として政令で定める期間が経過した後は，これを消去することができる（法7条3項，6条5項）。

(9) 保管申請の撤回

遺言者は，特定遺言書保管所の遺言書保管官に対し，いつでも遺言書保管の申請を撤回することができる（法8条1項）。

この撤回をしようとする遺言者は，特定遺言書保管所に自ら出頭しなければならない（法8条3項前段）。また，法務省令で定めるところにより，その旨を記載した撤回書に法務省令で定める書類を添付して，遺言書保管官に提出しなければならない（法8条2項）。

このとき，遺言書保管官は，申請人に対し，法務省令で定めるところにより，当該申請人が本人であるかどうかの確認をするため，当該申請人の特定に必要な氏名その他の法務省令で定める事項を示す書類の提示若しくは提出

又はこれらの事項について説明を求める（法8条3項後段，5条）。

遺言書保管官は，遺言者が遺言書保管の申請を撤回したときは，遅滞なく，当該遺言者に保管している遺言書を返還するとともに，管理している当該遺言書に係る情報を消去しなければならない。

⑽ **遺言書情報証明書の交付等**

ア **遺言書情報証明書の交付請求**

関係相続人等（下記イ）は，遺言者が死亡している場合，保管された遺言書につき，遺言書情報証明書（遺言書保管ファイルに記録されている事項を証明した書面）の交付を請求することができる（法9条1項）。

イ **遺言書情報証明書の交付請求権者（関係相続人等）**（後掲84頁）

a 関係相続人

① 当該遺言書の保管を申請した遺言者の相続人（相続欠格者又は廃除によってその相続権を失った者及び相続の放棄をした者を含む。）

b 関係相続人以外の請求権者（相続人も対象となる場合）

② 当該遺言書に記載された受遺者又はその相続人

③ 当該遺言により認知するとされた子（胎内にある子にあっては，その母）又はその相続人（胎内にある子に限る。）

④ 当該遺言により廃除する意思を表示された推定相続人（相続が開始した場合に相続人となるべき者）又はその相続人

⑤ 当該遺言により廃除を取り消す意思を表示された推定相続人又はその相続人

⑥ 当該遺言により指定された祖先の祭祀を主宰すべき者又はその相続人

⑦ 当該遺言で特に指定されたことで遺族補償一時金を受けることができる遺族（国家公務員災害補償法17条の5第3項，地方公務員災害補償法37条3項）又はその相続人

⑧ 当該遺言によって信託がされた場合においてその受益者となるべき者として指定された者若しくは残余財産の帰属すべき者となるべき者として指定された者又は遺言による受益者指定権等の行使により受益者となるべき者又はこれらの相続人

⑨ 当該遺言による保険金受取人の変更により保険金受取人となる

べき者又はその相続人

⑩　②から⑨のほか，これに類するものとして政令で定める者又は
その相続人

　c　関係相続人以外の請求権者（その相続人は対象とならない場合）

⑪　当該遺言書に記載された遺言執行者（民法1006条）

⑫　当該遺言により無償で子に与えた財産について指定された管理
者（民法830条1項）

⑬　当該遺言により指定された未成年後見人（民法839条1項）

⑭　当該遺言により指定された未成年後見監督人（民法848条）

⑮　当該遺言により共同相続人の相続分を定めることを委託された
第三者（民法902条1項）

⑯　当該遺言により遺産の分割の方法を定めることを委託された第
三者（民法908条）

⑰　当該遺言により遺言執行者の指定を委託された第三者（民法
1006条1項）

⑱　当該遺言により著作物の実名の登録について指定を受けた者
（著作権法75条2項）

⑲　当該遺言により著作者又は実演家の死後において人格的利益保
護のための請求について指定を受けた者（著作権法116条3項）

⑳　当該遺言により信託がされた場合においてその受託者となるべ
き者，信託管理人となるべき者，信託監督人となるべき者又は受
益者代理人となるべき者として指定された者

㉑　上記⑪から⑳のほか，これらに類するものとして政令で定める
者

ウ　交付請求場所

　遺言情報証明書の交付請求は，自己が関係相続人等に該当する遺言書（「関
係遺言書」）を現に保管する遺言書保管所だけでなく，同所以外の遺言書保管
所の遺言書保管官に対してもすることができる（法9条2項）。

エ　関係遺言書の閲覧

　関係相続人等は，関係遺言書を保管する遺言書保管所の遺言書保管官に対
し，当該関係遺言書の閲覧を請求することができる（法9条3項）。

第3章　遺言制度の見直し

オ　交付請求方法

法務省令で定めるところにより，その旨を記載した請求書に法務省令で定める書類を添付して，遺言書保管官に提出しなければならない（法9条4項）。

カ　遺言書保管官の通知義務

遺言書保管官は，遺言書情報証明書を交付し，または，関係遺言書の閲覧をさせたときは，法務省令で定めるところにより，速やかに，当該関係遺言書を保管している旨を遺言者の相続人並びに当該関係遺言書に係る受遺者及び遺言執行者（民法1006条）に通知する（法9条5項本文）。

ただし，それらの者がすでにこれを知っているときは，この限りでない（法9条5項ただし書）。

⑾　遺言書保管事実証明書の交付

何人も，遺言書保管官に対し，遺言書保管所における関係遺言書の保管の有無を証明した書面の交付を請求できる（法10条1項）。

さらに，当該関係遺言書が保管されている場合には，遺言書保管事実証明書（遺言書保管ファイルに記録されている事項のうち，①遺言書に記載されている作成年月日，②保管されている遺言書保管所の名称及び保管番号を証明した書面）の交付を請求することができる（同項）。

法9条2項及び4項の規定は，遺言書保管事実証明書の交付請求について準用する（法10条2項）。

⑿　遺言書検認の適用除外

遺言書の検認の規定（民法1004条1項）は，遺言書保管所に保管されている遺言書については，適用しない（法11条）。

⒀　手数料

手数料の納付は，収入印紙をもってしなければならない（法12条）。

ア　遺言書の保管の申請をする者の場合

物価の状況のほか，遺言書の保管及び遺言書に係る情報の管理に関する事務に要する実費を考慮して政令で定める額の手数料を納めなければならない。

イ　遺言書の閲覧を請求する者の場合

物価の状況のほか，遺言書の閲覧及びそのための体制の整備に関する事務に要する実費を考慮して政令で定める額の手数料を納めなければならない。

ウ　遺言書情報証明書又は遺言書保管事実証明書の交付を請求する者の

第2 遺言書保管制度

場合

物価の状況のほか，遺言書情報証明書又は遺言書保管事実証明書の交付及びそのための体制の整備に関する事務に要する実費を考慮して政令で定める額の手数料を納めなければならない。

⒁ **各種法令の適用除外**

ア 行政手続法第2章（申請に対する処分）

遺言書保管官の処分については，行政手続法第2章の規定（申請に対する処分）は，適用しない（法13条）。

イ 行政機関の保有する情報の公開に関する法律

遺言書保管所に保管されている遺言書及び遺言書保管ファイルについては，行政機関の保有する情報の公開に関する法律の規定は適用しない（法14条）。

ウ 行政機関の保有する個人情報の保護に関する法律第4章（開示，訂正及び利用停止）

遺言書保管所に保管されている遺言書及び遺言書保管ファイルに記録されている保有個人情報（行政機関の保有する個人情報の保護に関する法律2条5項）については，同法第4章の規定（開示，訂正及び利用停止）は適用しない（法15条）。

⒂ **審査請求**

遺言書保管官の処分に不服がある者又は遺言書保管官の不作為に係る処分を申請した者は，監督法務局又は地方法務局の長に審査請求をすることができる（法16条）。

この審査請求について，行政不服審査法13条，15条6項，18条，21条，25条2項から7項まで，29条1項から4項まで，31条，37条，45条3項，46条，47条，49条3項（審査請求に係る不作為が違法又は不当である旨の宣言に係る部分を除く。）から5項まで及び52条の規定は，適用しない（法17条）。

⒃ **政令への委任**

この法律に定めるもののほか，遺言書保管所における遺言書の保管及び情報の管理に関し必要な事項は，政令で定める（法18条）。

⒄ **附 則**

この法律は，令和2年7月10日から施行される（法附則，法の施行期日を定

第3章 遺言制度の見直し

める政令（平成30年11月21日政令第317号））。

4 実務上のポイント（まとめ）

　法務局の担当官において，遺言書の方式を一定程度審査した上で保管することに加え，相続人等からの正本の交付請求等があった場合には，他の相続人等にも遺言書の保管事実を通知される。これによって，遺言書の存在及び内容を相続人等として知る機会が確保されることとなる。ただし，交付請求がなければ保管の有無を確認できないため，本制度の施行後においては，遺言書の存否を確認するために，法務局に対して照会する必要が生じる（公正証書遺言の照会と同じ）。

　この制度は，遺言書の紛失や隠匿の防止につながり，遺言書の有無の検索を可能とすることにより相続人の利便性も向上するとの予測をもとに設計された。ただし，保管される遺言は自筆証書遺言であって，内容の有効性等が担保されることはなく，また，この保管制度を利用しつつ，保管制度を利用しない自筆証書遺言が存在する可能性もあるため，紛争防止効果にも限界がある。それとともに，システム構築等のコストに見合うだけの利点があるのかといった費用対効果の点で，制度の必要性に疑問も提示されている。

　なお，制度運用においては，遺言者及び相続人らのプライバシー保護への配慮も踏まえて適切になされることが期待される。

〔法務局における遺言書の保管等に関する法律（新法）〕

　（趣旨）
第1条　この法律は，法務局（法務局の支局及び出張所，法務局の支局の出張所並びに地方法務局及びその支局並びにこれらの出張所を含む。次条第1項において同じ。）における遺言書（民法（明治29年法律第89号）第968条の自筆証書によってした遺言に係る遺言書をいう。以下同じ。）の保管及び情報の管理に関し必要な事項を定めるとともに，その遺言書の取扱いに関し特別の定めをするものとする。
　（遺言書保管所）
第2条　遺言書の保管に関する事務は，法務大臣の指定する法務局が，遺言書保管所としてつかさどる。

第2　遺言書保管制度

2　前項の指定は，告示してしなければならない。

（遺言書保管官）

第3条　遺言書保管所における事務は，遺言書保管官（遺言書保管所に勤務する法務事務官のうちから，法務局又は地方法務局の長が指定する者をいう。以下同じ。）が取り扱う。

（遺言書の保管の申請）

第4条　遺言者は，遺言書保管官に対し，遺言書の保管の申請をすることができる。

2　前項の遺言書は，法務省令で定める様式に従って作成した無封のものでなければならない。

3　第1項の申請は，遺言者の住所地若しくは本籍地又は遺言者が所有する不動産の所在地を管轄する遺言書保管所（遺言者の作成した他の遺言書が現に遺言書保管所に保管されている場合にあっては，当該他の遺言書が保管されている遺言書保管所）の遺言書保管官に対してしなければならない。

4　第1項の申請をしようとする遺言者は，法務省令で定めるところにより，遺言書に添えて，次に掲げる事項を記載した申請書を遺言書保管官に提出しなければならない。

　一　遺言書に記載されている作成の年月日

　二　遺言者の氏名，出生の年月日，住所及び本籍（外国人にあっては，国籍）

　三　遺言書に次に掲げる者の記載があるときは，その氏名又は名称及び住所

　　イ　受遺者

　　ロ　民法第1006条第1項の規定により指定された遺言執行者

　四　前3号に掲げるもののほか，法務省令で定める事項

5　前項の申請書には，同項第二号に掲げる事項を証明する書類その他法務省令で定める書類を添付しなければならない。

6　遺言者が第一項の申請をするときは，遺言書保管所に自ら出頭して行わなければならない。

（遺言書保管官による本人確認）

第5条　遺言書保管官は，前条第一項の申請があった場合において，申請人に対し，法務省令で定めるところにより，当該申請人が本人であるかどうかの確認をするため，当該申請人を特定するために必要な氏名その他の法務省令で定める事項を示す書類の提示若しくは提出又はこれらの事項についての

77

第3章 遺言制度の見直し

　説明を求めるものとする。

　（遺言書の保管等）

第6条　遺言書の保管は，遺言書保管官が遺言書保管所の施設内において行
　う。

2　遺言者は，その申請に係る遺言書が保管されている遺言書保管所（第4項
　及び第8条において「特定遺言書保管所」という。）の遺言書保管官に対し，
　いつでも当該遺言書の閲覧を請求することができる。

3　前項の請求をしようとする遺言者は，法務省令で定めるところにより，そ
　の旨を記載した請求書に法務省令で定める書類を添付して，遺言書保管官に
　提出しなければならない。

4　遺言者が第2項の請求をするときは，特定遺言書保管所に自ら出頭して行
　わなければならない。この場合においては，前条の規定を準用する。

5　遺言書保管官は，第1項の規定による遺言書の保管をする場合において，
　遺言者の死亡の日（遺言者の生死が明らかでない場合にあっては，これに相
　当する日として政令で定める日）から相続に関する紛争を防止する必要が
　あると認められる期間として政令で定める期間が経過した後は，これを廃棄
　することができる。

　（遺言書に係る情報の管理）

第7条　遺言書保管官は，前条第1項の規定により保管する遺言書について，
　次項に定めるところにより，当該遺言書に係る情報の管理をしなければなら
　ない。

2　遺言書に係る情報の管理は，磁気ディスク（これに準ずる方法により一定
　の事項を確実に記録することができる物を含む。）をもって調製する遺言書
　保管ファイルに，次に掲げる事項を記録することによって行う。

　一　遺言書の画像情報

　二　第4条第4項第1号から第3号までに掲げる事項

　三　遺言書の保管を開始した年月日

　四　遺言書が保管されている遺言書保管所の名称及び保管番号

3　前条第5項の規定は，前項の規定による遺言書に係る情報の管理について
　準用する。この場合において，同条第5項中「廃棄する」とあるのは，「消
　去する」と読み替えるものとする。

　（遺言書の保管の申請の撤回）

第8条　遺言者は，特定遺言書保管所の遺言書保管官に対し，いつでも，第4

条第1項の申請を撤回することができる。

2　前項の撤回をしようとする遺言者は，法務省令で定めるところにより，その旨を記載した撤回書に法務省令で定める書類を添付して，遺言書保管官に提出しなければならない。

3　遺言者が第1項の撤回をするときは，特定遺言書保管所に自ら出頭して行わなければならない。この場合においては，第5条の規定を準用する。

4　遺言書保管官は，遺言者が第1項の撤回をしたときは，遅滞なく，当該遺言者に第6条第1項の規定により保管している遺言書を返還するとともに，前条第2項の規定により管理している当該遺言書に係る情報を消去しなければならない。

（遺言書情報証明書の交付等）

第9条　次に掲げる者（以下この条において「関係相続人等」という。）は，遺言書保管官に対し，遺言書保管所に保管されている遺言書（その遺言者が死亡している場合に限る。）について，遺言書保管ファイルに記録されている事項を証明した書面（第5項及び第12条第1項第3号において「遺言書情報証明書」という。）の交付を請求することができる。

一　当該遺言書の保管を申請した遺言者の相続人（民法第891条の規定に該当し又は廃除によってその相続権を失った者及び相続の放棄をした者を含む。以下この条において同じ。）

二　前号に掲げる者のほか，当該遺言書に記載された次に掲げる者又はその相続人（ロに規定する母の相続人の場合にあっては，ロに規定する胎内に在る子に限る。）

　イ　第4条第4項第3号イに掲げる者

　ロ　民法第781条第2項の規定により認知するものとされた子（胎内に在る子にあっては，その母）

　ハ　民法第893条の規定により廃除する意思を表示された推定相続人（同法第892条に規定する推定相続人をいう。以下このハにおいて同じ。）又は同法第894条第2項において準用する同法第893条の規定により廃除を取り消す意思を表示された推定相続人

　ニ　民法第897条第1項ただし書の規定により指定された祖先の祭祀を主宰すべき者

　ホ　国家公務員災害補償法（昭和26年法律第191号）第17条の5第3項の規定により遺族補償一時金を受けることができる遺族のうち特に指定

された者又は地方公務員災害補償法（昭和42年法律第121号）第37条第
3項の規定により遺族補償一時金を受けることができる遺族のうち特
に指定された者

へ　信託法（平成18年法律第108号）第3条第2号に掲げる方法によって
信託がされた場合においてその受益者となるべき者として指定された
者若しくは残余財産の帰属すべき者となるべき者として指定された者
又は同法第89条第2項の規定による受益者指定権等の行使により受益
者となるべき者

ト　保険法（平成20年法律第56号）第44条第1項又は第73条第1項の規定
による保険金受取人の変更により保険金受取人となるべき者

チ　イからトまでに掲げる者のほか，これらに類するものとして政令で定
める者

三　前二号に掲げる者のほか，当該遺言書に記載された次に掲げる者

イ　第4条第4項第3号ロに掲げる者

ロ　民法第830条第1項の財産について指定された管理者

ハ　民法第839条第1項の規定により指定された未成年後見人又は同法第
848条の規定により指定された未成年後見監督人

ニ　民法第902条第1項の規定により共同相続人の相続分を定めることを
委託された第三者，同法第908条の規定により遺産の分割の方法を定め
ることを委託された第三者又は同法第1006条第1項の規定により遺言
執行者の指定を委託された第三者

ホ　著作権法（昭和45年法律第48号）第75条第2項の規定により同条第1
項の登録について指定を受けた者又は同法第116条第3項の規定により
同条第一項の請求について指定を受けた者

へ　信託法第3条第2号に掲げる方法によって信託がされた場合におい
てその受託者となるべき者，信託管理人となるべき者，信託監督人とな
るべき者又は受益者代理人となるべき者として指定された者

ト　イからへまでに掲げる者のほか，これらに類するものとして政令で定
める者

2　前項の請求は，自己が関係相続人等に該当する遺言書（以下この条及び次
条第1項において「関係遺言書」という。）を現に保管する遺言書保管所以
外の遺言書保管所の遺言書保管官に対してもすることができる。

3　関係相続人等は，関係遺言書を保管する遺言書保管所の遺言書保管官に対

し，当該関係遺言書の閲覧を請求することができる。

4　第1項又は前項の請求をしようとする者は，法務省令で定めるところにより，その旨を記載した請求書に法務省令で定める書類を添付して，遺言書保管官に提出しなければならない。

5　遺言書保管官は，第1項の請求により遺言書情報証明書を交付し又は第3項の請求により関係遺言書の閲覧をさせたときは，法務省令で定めるところにより，速やかに，当該関係遺言書を保管している旨を遺言者の相続人並びに当該関係遺言書に係る第4条第4項第3号イ及びロに掲げる者に通知するものとする。ただし，それらの者が既にこれを知っているときは，この限りでない。

（遺言書保管事実証明書の交付）

第10条　何人も，遺言書保管官に対し，遺言書保管所における関係遺言書の保管の有無並びに当該関係遺言書が保管されている場合には遺言書保管ファイルに記録されている第7条第2項第2号（第4条第4項第1号に係る部分に限る。）及び第4号に掲げる事項を証明した書面（第12条第1項第3号において「遺言書保管事実証明書」という。）の交付を請求することができる。

2　前条第2項及び第4項の規定は，前項の請求について準用する。

（遺言書の検認の適用除外）

第11条　民法第1004条第1項の規定は，遺言書保管所に保管されている遺言書については，適用しない。

（手数料）

第12条　次の各号に掲げる者は，物価の状況のほか，当該各号に定める事務に要する実費を考慮して政令で定める額の手数料を納めなければならない。

　一　遺言書の保管の申請をする者　遺言書の保管及び遺言書に係る情報の管理に関する事務

　二　遺言書の閲覧を請求する者　遺言書の閲覧及びそのための体制の整備に関する事務

　三　遺言書情報証明書又は遺言書保管事実証明書の交付を請求する者　遺言書情報証明書又は遺言書保管事実証明書の交付及びそのための体制の整備に関する事務

2　前項の手数料の納付は，収入印紙をもってしなければならない。

（行政手続法の適用除外）

第3章　遺言制度の見直し

第13条　遺言書保管官の処分については，行政手続法（平成5年法律第88号）第2章の規定は，適用しない。

（行政機関の保有する情報の公開に関する法律の適用除外）

第14条　遺言書保管所に保管されている遺言書及び遺言書保管ファイルについては，行政機関の保有する情報の公開に関する法律（平成11年法律第42号）の規定は，適用しない。

（行政機関の保有する個人情報の保護に関する法律の適用除外）

第15条　遺言書保管所に保管されている遺言書及び遺言書保管ファイルに記録されている保有個人情報（行政機関の保有する個人情報の保護に関する法律（平成15年法律第58号）第2条第5項に規定する保有個人情報をいう。）については，同法第4章の規定は，適用しない。

（審査請求）

第16条　遺言書保管官の処分に不服がある者又は遺言書保管官の不作為に係る処分を申請した者は，監督法務局又は地方法務局の長に審査請求をすることができる。

2　審査請求をするには，遺言書保管官に審査請求書を提出しなければならない。

3　遺言書保管官は，処分についての審査請求を理由があると認め，又は審査請求に係る不作為に係る処分をすべきものと認めるときは，相当の処分をしなければならない。

4　遺言書保管官は，前項に規定する場合を除き，3日以内に，意見を付して事件を監督法務局又は地方法務局の長に送付しなければならない。この場合において，監督法務局又は地方法務局の長は，当該意見を行政不服審査法（平成26年法律第68号）第11条第2項に規定する審理員に送付するものとする。

5　法務局又は地方法務局の長は，処分についての審査請求を理由があると認め，又は審査請求に係る不作為に係る処分をすべきものと認めるときは，遺言書保管官に相当の処分を命じ，その旨を審査請求人のほか利害関係人に通知しなければならない。

6　法務局又は地方法務局の長は，審査請求に係る不作為に係る処分についての申請を却下すべきものと認めるときは，遺言書保管官に当該申請を却下する処分を命じなければならない。

7　第1項の審査請求に関する行政不服審査法の規定の適用については，同法

第29条第5項中「処分庁等」とあるのは「審査庁」と，「弁明書の提出」とあるのは「法務局における遺言書の保管等に関する法律（平成30年法律第73号）第16条第4項に規定する意見の送付」と，同法第30条第1項中「弁明書」とあるのは「法務局における遺言書の保管等に関する法律第16条第4項の意見」とする。

（行政不服審査法の適用除外）

第17条　行政不服審査法第13条，第15条第6項，第18条，第21条，第25条第2項から第7項まで，第29条第1項から第4項まで，第31条，第37条，第45条第3項，第46条，第47条，第49条第3項（審査請求に係る不作為が違法又は不当である旨の宣言に係る部分を除く。）から第5項まで及び第52条の規定は，前条第1項の審査請求については，適用しない。

（政令への委任）

第18条　この法律に定めるもののほか，遺言書保管所における遺言書の保管及び情報の管理に関し必要な事項は，政令で定める。

　　　附　則

この法律は，公布の日から起算して2年を超えない範囲内において政令で定める日から施行する。

第3章　遺言制度の見直し

〔遺言書情報証明書の交付請求権者（関係相続人等）／法9条1項〕 (※1)

		交付請求権者	その相続人 （※2）	法9条1項	関連条文
a	①	関係相続人（相続欠格者，廃除によって相続権を失った者，相続放棄をした者を含む）		1号	民887条～893条，939条
b	②	遺言に記載された受遺者	○	2号イ	法4条4項3号イ
	③	遺言により認知するとされた子 （胎内にある子にあってはその母）	○ （※3）	2号ロ	民781条2項
	④	遺言により廃除の意思を表示された推定相続人	○	2号ハ	民893条
	⑤	遺言により廃除を取り消す意思を表示された推定相続人	○		民894条2項
	⑥	遺言により指定された祖先の祭祀主宰者	○	2号ニ	民897条1項ただし書
	⑦	遺言で特に指定されたことで遺族補償一時金を受けることができる遺族	○	2号ホ	国家公務員災害補償法17条の5・3項 地方公務員災害補償法37条3項
	⑧	遺言信託において受益者となるべき者として指定された者	○	2号ヘ	信託法3条2号
		遺言信託において残余財産の帰属すべき者となるべき者として指定された者	○		
		遺言による受益者指定権等の行使により受益者となるべき者	○		同法89条2項
	⑨	遺言による保険金受取人の変更により保険金受取人となるべき者	○	2号ト	保険法44条1項 同法73条1項
	⑩	②から⑨のほか，これに類するものとして政令で定める者	○	2号チ	
c	⑪	遺言に記載された遺言執行者	×	3号イ	法4条4項3号ロ
	⑫	遺言により無償で子に与えた財産について指定された管理者	×	3号ロ	民830条1項
	⑬	遺言により指定された未成年後見人	×	3号ハ	民839条1項
	⑭	遺言により指定された未成年後見監督人	×		民848条
	⑮	遺言により共同相続人の相続分を定めることを委託された第三者	×	3号ニ	民902条1項
	⑯	遺言により遺産分割の方法を定めることを委託された第三者	×		民908条
	⑰	遺言により遺言執行者の指定を委託された第三者	×		民1006条1項
	⑱	遺言により著作物の実名の登録について指定を受けた者	×	3号ホ	著作権法75条2項
	⑲	遺言により著作者又は実演家の死後において人格的利益保護のための請求について指定を受けた者	×		同法116条3項
	⑳	遺言信託においてその受託者となるべき者として指定された者	×	3号ヘ	信託法3条2号
		遺言信託において信託管理人となるべき者として指定された者	×		
		遺言信託において信託監督人となるべき者として指定された者	×		
		遺言信託において受益者代理人となるべき者として指定された者	×		
	㉑	⑪から⑳のほか，これに類するものとして政令で定める者	×	3号ト	

※1　遺言書保管所に保管の遺言書につき，遺言者が死亡している場合に限り，遺言書保管ファイルに記録されている事項を証明した書面（遺言書情報証明書）の交付請求ができる。
※2　左記交付請求権者の相続人にも交付請求権が認められるか。
※3　母の相続人の場合には，当該胎内にある子に限られる。

（山本　隼平）

第3　遺贈義務者の引渡義務等

〔改正民法〕

（遺贈義務者の引渡義務）

第998条　遺贈義務者は，遺贈の目的である物又は権利を，相続開始の時（その後に当該物又は権利について遺贈の目的として特定した場合にあっては，その特定した時）の状態で引き渡し，又は移転する義務を負う。ただし，遺言者がその遺言に別段の意思を表示したときは，その意思に従う。

第1000条　削除

〔旧法〕

（不特定物の遺贈義務者の担保責任）

第998条　不特定物を遺贈の目的とした場合において，受遺者がこれにつき第三者から追奪を受けたときは，遺贈義務者は，これに対して，売主と同じく，担保の責任を負う。

2　不特定物を遺贈の目的とした場合において，物に瑕疵があったときは，遺贈義務者は，瑕疵のない物をもってこれに代えなければならない。

（第三者の権利の目的である財産の遺贈）

第1000条　遺贈の目的である物又は権利が遺言者の死亡の時において第三者の権利の目的であるときは，受遺者は，遺贈義務者に対しその権利を消滅させるべき旨を請求することができない。ただし，遺言者がその遺言に反対の意思を表示したときは，この限りでない。

1　改正の趣旨

民法（債権関係）の改正（平成29年法律第44号）における贈与の担保責任に関する見直しの内容を踏まえ，遺贈の担保責任の規定を見直した。

2　改正の概要

遺贈が無償行為であることを考慮し，旧法998条及び1000条を削除した上

第3章　遺言制度の見直し

で，遺贈義務者の引渡義務を贈与者の引渡義務（平成29年法律第44号による改正民法551条1項）に合わせるものである。

3　改正の内容

(1)　贈与者の引渡義務に関する債権法改正

贈与者の担保責任は，債権法改正（平成29年法律第44号。以下，本項において「債権法改正」という。）において見直しがなされた。

すなわち，債権法改正前の旧法551条1項は，贈与者は贈与の目的物である物又は権利の瑕疵や不存在の担保責任を原則として負わないと規定していた。

これに対し，債権法改正後の改正民法551条1項は，贈与の無償性及び担保責任に関する契約責任説の立場を踏まえ，「贈与者は，贈与の目的である物又は権利を，贈与の目的として特定した時の状態で引渡し，又は移転することを約したものと推定する。」とした。

したがって，債権法改正による改正民法により，無償行為である特定物贈与における当事者の合意の内容は，契約時の状態にて，また，種類物贈与においては「特定」時の状態にて引き渡すことであると推定されることとなった。

(2)　遺贈の引渡義務（改正民法998条1項）

遺贈は無償行為である贈与と共通性を有することから，遺贈の引渡義務について，債権法改正による贈与の規律の見直しに合わせることとされた。

すなわち，遺贈の目的となる物又は権利が相続財産に属するものであった場合には，遺贈義務者は，原則として，その物又は権利を，相続が開始した時の状態で引き渡し，又は移転する義務を負う。

また，相続開始後に遺贈の目的である物又は権利が特定した場合，遺贈義務者は，その特定時の状態で引き渡し，又は移転する義務を負うこととされた。

(3)　例外（改正民法998条1項ただし書）

贈与に関する改正民法551条1項が意思表示の推定規定であるのと同様，遺贈に関する上記の規律はあくまでも遺言者の通常の意思を前提としたものである。

したがって，遺言者が遺言に上記規定と異なる意思を表示した場合には，

86

遺贈義務者は遺言者のその意思に従って履行する義務を負う。

(4) 旧法998条の削除

旧法998条は，不特定物を遺贈の目的物とした場合の遺贈義務者の担保責任（1項：追奪担保責任，2項：瑕疵担保責任）を定めていた。

しかし，債権法改正によって，贈与における受贈者は，目的物が特定物であるか不特定物であるかにかかわらず，贈与者に対し追完請求権を有するとされており，遺贈の場合も同様に，受遺者は遺贈義務者に対し追完請求権を有することとなる。

そこで，不特定物についての担保責任を定めた旧法998条は削除されることとなった。

(5) 旧法1000条の削除

改正民法998条により，特定遺贈の目的である物又は権利が，遺言者の死亡時に第三者の権利の目的となっていた場合，遺贈義務者はその状態のまま当該物又は権利を引き渡し，又は移転すれば足り，遺贈義務者が当該第三者の権利を消滅させることは必要ないことが明らかとなった。

そこで，旧法1000条は削除された。

(6) 施行日

遺贈義務者の引渡義務に関する改正民法は，民法（債権関係）改正法（平成29年法律第44号）施行の日（令和2年4月1日予定）から施行され（附則1条3号），施行日後に作成された遺贈に係る遺贈義務者の引渡義務について適用される（附則7条）。

また，旧法1000条は，同施行日前にされた第三者の権利の目的である財産の遺贈についてはなおその効力を有する。

4 実務上のポイント

(1) 相続財産に属する財産を遺贈した場合

遺贈義務者は，遺言に別段の意思表示がない限り，以下のとおり引渡義務を負うこととなった。

① 特定物又は特定の権利が遺贈の目的となった場合

→ 相続開始時の状態で引き渡し，移転する義務を負う。

② 不特定物又は不特定の権利が遺贈の目的となった場合

第3章　遺言制度の見直し

　　　→　相続開始後に特定した時の状態で引き渡し，又は移転する義務を
　　　　負う。
(2)　**相続財産に属しない財産を遺贈した場合**
　　　他人物遺贈等，相続財産に属しない財産が遺贈の目的物となった場
　　合，改正民法の下では類型毎に以下の処理となる（部会資料9・19頁，同
　　24-1・23頁）。
①　遺言時には遺言者の財産であったが，死亡時には相続財産に属して
　　いなかった場合
　　　→　遺贈自体が無効となる（996条）。なお，遺言者の生前処分等（1023
　　　　条2項）に該当する場合には，遺言を撤回したものとみなされる。
②　遺言時に遺言者が自己の財産であると誤信していた場合
　　　→　遺贈自体が無効となる（996条）。
③　遺言時に遺言者は，自己の死亡後に，遺贈義務者に取得させる意思
　　であった場合
　　　→　遺贈義務者は，遺言者の意思に従って当該財産（特定物，不特定物
　　　　を問わない。）を取得し，これを受遺者に引き渡す義務を負う。
④　遺言時に遺言者は取得する意思であったが，死亡時までに取得しな
　　かった場合
　　　→　そもそも遺言者がその権利を取得しなかったことから遺贈の有効
　　　　性が問題となるが，遺贈が有効となれば，遺言者は遺贈義務者に取
　　　　得させる意思であったこととなり，③と同じになる。

（安部　将規）

第4　遺言執行者の権限の明確化

〔改正民法〕

> 第1007条　遺言執行者が就職を承諾したときは，直ちにその任務を行わなけれ
> 　ばならない。
> 　2　遺言執行者は，その任務を開始したときは，遅滞なく，遺言の内容を相続
> 　人に通知しなければならない。

（遺言執行者の権利義務）

第1012条　遺言執行者は，遺言の内容を実現するため，相続財産の管理その他遺言の執行に必要な一切の行為をする権利義務を有する。

2　遺言執行者がある場合には，遺贈の履行は，遺言執行者のみが行うことができる。

3　第644条から第647条まで及び第650条の規定は，遺言執行者について準用する。

（特定財産に関する遺言の執行）

第1014条　前3条の規定は，遺言が相続財産のうち特定の財産に関する場合には，その財産についてのみ適用する。

2　遺産の分割の方法の指定として遺産に属する特定の財産を共同相続人の一人又は数人に承継させる旨の遺言（以下「特定財産承継遺言」という。）があったときは，遺言執行者は，当該共同相続人が第899条の2第1項[1]に規定する対抗要件を備えるために必要な行為をすることができる。

3　前項の財産が預貯金債権である場合には，遺言執行者は，同項に規定する行為のほか，その預金又は貯金の払戻しの請求及びその預金又は貯金に係る契約の解約の申入れをすることができる。ただし，解約の申入れについては，その預貯金債権の全部が特定財産承継遺言の目的である場合に限る。

4　前2項の規定にかかわらず，被相続人が遺言で別段の意思を表示したときは，その意思に従う。

（遺言執行者の行為の効果）

第1015条　遺言執行者がその権限内において遺言執行者であることを示してした行為は，相続人に対して直接にその効力を生ずる。

（遺言執行者の復任権）

第1016条　遺言執行者は，自己の責任で第三者にその任務を行わせることができる。ただし，遺言者がその遺言に別段の意思を表示したときは，その意思に従う。

2　前項本文の場合において，第三者に任務を行わせることについてやむを得ない事由があるときは，遺言執行者は，相続人に対してその選任及び監督についての責任のみを負う。

---

[1]　改正民法第899条の2　相続による権利の承継は，遺産の分割によるものかどうかにかかわらず，次条及び第901条の規定により算定した相続分を超える部分については，登記，登録その他の対抗要件を備えなければ，第三者に対抗することができない。

第3章 遺言制度の見直し

〔旧法〕

> （遺言執行者の権利義務）
> 第1012条 遺言執行者は，相続財産の管理その他遺言の執行に必要な一切の行
> 　為をする権利義務を有する。
> 2 第644条から第647条まで及び第650条の規定は，遺言執行者について準用
> 　する。
> （特定財産に関する遺言の執行）
> 第1014条 前3条の規定は，遺言が相続財産のうち特定の財産に関する場合に
> 　は，その財産についてのみ適用する。
> （遺言執行者の地位）
> 第1015条 遺言執行者は，相続人の代理人とみなす。
> （遺言執行者の復任権）
> 第1016条 遺言執行者は，やむを得ない事由がなければ，第三者にその任務を
> 　行わせることができない。ただし，遺言者がその遺言に反対の意思を表示し
> 　たときは，この限りでない。
> 2 遺言執行者が前項ただし書の規定により第三者にその任務を行わせる場
> 　合には，相続人に対して，第105条に規定する責任を負う。

1 改正の趣旨

　遺言執行者は，遺言の内容を実現することを職務とするものであるとの観
点から，遺言執行者の権限及び効果を明確化し，また，遺産の類型に応じて
遺言執行者が有する権限を明記した。

2 改正の概要

　遺言執行者の地位が明確化され（改正民法1012条1項，1015条），また，いわ
ゆる「相続させる」遺言における遺言執行者の権限が明記された（改正民法
1014条2項，3項）。このほか，遺言執行者就職時の通知義務の新設（改正民法
1007条2項），遺言執行者の復任権の変更（改正民法1016条）がなされた。

3 改正の内容

(1) 通知義務

ア 遺言執行者は，就職を承諾し，あるいは家庭裁判所に選任された場合，直ちにその任務を行わなければならず（民法1007条），その後遅滞なく，相続財産の目録を作成して，相続人に交付しなければならない（民法1011条）。

しかし，旧法では，遺言執行者が就職を承諾した場合にその旨を相続人に通知することを義務づけた規定はなく，遺言執行者がいる場合に，財産目録の交付まで相続人がこれを知る手段は確保されていない。

しかし，遺言執行者がない場合，遺言の内容の実現は相続人がすべきことになる。これに対し，遺言執行者がいる場合には相続人は履行義務を免れるため，相続人は，遺言の内容及び遺言執行者の有無について重要な利害関係がある。

そこで，改正民法は，相続人保護の観点から，遺言執行者が就職を承諾し，あるいは家庭裁判所に選任されて，その任務を開始した場合，その職務の一環として，遺言執行者に対し，遅滞なく遺言の内容を相続人に通知することを義務づけることとした（改正民法1007条2項）。

〔遺言執行者の通知義務〕

	旧法	改正民法
時期	なし	任務開始後すぐに
相手方	なし	全相続人
通知の内容	なし	遺言の内容

イ 実務上のポイント

これまでも遺言執行者は，就職時に，相続人に対し，遺言執行者に就職した旨の通知を送付しているケースが多かった。

改正民法は，この実務上の慣行を明文化し，就職時に遺言の内容を通知することを義務づけたものであるが，かかる通知が法律上の義務とされたことを看過することがないよう注意が必要である。

このため，遺言執行者は，任務を開始したときは，全相続人に通知をする

前提として，直ちに相続人の調査を行うことが必要である。ただし，調査の結果相続人が判明したが所在不明の場合には，例えば公示による意思表示（民法98条）を行うなどしてまで通知義務を履行する必要はないと考えられる。

なお，通知の相手方は相続人であり，受遺者等については通知義務の対象とされていない（受遺者等に通知することが禁じられているわけではない。）。

他方，包括遺贈の場合の包括受遺者は，相続人と同一の権利義務を有することから（民法990条），通知義務の対象となる。

通知の方法は，法律上は，遺言の内容を通知することであり，遺言書その他の遺言の内容を明らかにする書面の交付は要求されておらず，遺言執行者の裁量に委ねられている。実務上は，相続人に対し遺言書の写しを交付することが通常の慣行となるであろう。

ウ　施行日

本条に関する改正法は，令和元年7月1日から施行され，施行日以降に開始した相続に適用される（附則2条）。

また，施行日前に開始した相続に関しても，施行日以後に遺言執行者となる者にも適用される（附則8条1項）。

(2)　遺言執行者の一般的な権限の明確化

ア　遺言執行者制度の趣旨は，遺言の執行を遺言執行者に委ねることにより，遺言の適正かつ迅速な執行の実現を可能とすることにある。

このような趣旨に照らすと，遺言執行者は，遺言者の意思を実現することを職務とする者であって，本来は遺言者の代理人としての立場を有するというべきである。しかし，遺言の効力が生じた時点では，遺言者は既に死者となっていることから，旧法においては，遺言執行者は，遺言者の法的地位を包括的に承継した「相続人」の代理人とみなすこととされていた（旧法1015条）。

しかし，遺言の内容によっては，遺言の内容が相続人固有の利益に相反するために一部の相続人が遺言執行に非協力的である場合や，旧法下における遺留分減殺請求が行使された場合，遺言による廃除がなされた場合の遺言執行者による廃除の請求（893条）のように，遺言執行者の執行が相続人の意思や利益に反する場合もある。

そこで，改正民法は，遺言執行者の法的地位を明確化する観点から，遺言

第4　遺言執行者の権限の明確化

の執行とは遺言の内容の実現であることを明確化した上で，遺言執行者は，遺言の内容を実現するために遺言執行に必要な一切の行為をする権利義務を有することを明らかにした（改正民法1012条1項）[2]。

あわせて，遺言執行者は，遺言の内容の実現の目的を越えて常に相続財産の包括的な管理権を有するわけではないことが明らかとされた（改正民法1012条1項）。

イ　実務上のポイント

遺言執行者は，必ずしも相続人の利益のために職務を行うものでなく，遺言者の意思と相続人の利益が対立する場面においても，遺言執行者は遺言者の意思に従って遺言執行を行えば足りる。

ウ　施行日

本条に関する改正法は，令和元年7月1日から施行され，施行日以後に開始した相続に適用される（附則2条）。

ただし，施行日前に開始した相続に関し，施行日以後に遺言執行者となる者にも適用される（附則8条1項）。

(3)　遺言の執行

ア　改正民法により遺言執行者の一般的な権限が明確化され，遺言執行者は，遺言の内容の実現のために，遺言の執行に必要な一切の行為をする権利義務を有することが明確化された（改正民法1012条1項）。

しかし，改正民法は，直ちに従前の遺言執行者の権限に伸長を生じさせるものではなく，遺言執行者が具体的にどのような権限を有するかは，遺言の内容によって定められること（最判平成10年2月27日民集52巻1号299頁）は改正前と同様である。

とはいえ，遺言の記載内容からだけでは，遺言執行者の権限の内容が必ずしも明確でない場合もあることから，遺贈の場合及び特定財産承継遺言の場合について，改正民法は，個別に権限の内容を明確化した。

イ　遺言の執行（遺贈の場合）

遺贈がされた場合（特定遺贈のほか，包括遺贈を含む。）の遺贈履行権限及び

---

[2]　最判昭和30年5月10日民集9巻6号657頁は，遺言執行者は，相続人の代理人とみなされるからといって，必ずしも相続人の利益のためにのみ行為すべき義務を負うものではないことを明らかにしている。

93

第3章 遺言制度の見直し

義務は，遺言執行者がある場合には，遺言執行者が独占的に有するものとされた（改正民法1012条2項）。従来の判例法理（最判昭和43年5月31日民集22巻5号1137頁）を明文化するものである。ただし，本改正は，例えば預貯金等の債権が遺贈の目的とされた場合において，遺言執行者が遺贈の履行をしない場合において，金融機関が遺贈を承認して，受遺者に当該預貯金を払い戻すことを禁止するものではない。

これに対し，遺言執行者がない場合，相続人が遺贈履行権限及び義務を有することとなる。

これらについては，遺言者の意思による変更は認められない。

なお，改正民法においても，遺言執行者の具体的な権限の内容に関する規定はない。遺言執行者の権限の範囲は遺贈の履行をするのに必要な行為全般に及ぶところ，遺言執行者の権限の内容は，遺言により遺贈義務者が負う義務の内容によって具体的に定まることとなる。

ウ　施行日

本条に関する改正法は，令和元年7月1日から施行され，施行日以後に開始した相続に適用される（附則2条）。

また，施行日前に開始した相続に関し，施行日以後に遺言執行者となる者にも適用される（附則8条1項）。

(4)　遺言の執行（特定財産承継遺言の場合）

ア　遺言の内容が特定財産承継遺言（遺産分割により特定の財産を特定の相続人に「相続させる」旨の遺言）の場合，旧法下では，不動産については受益相続人の単独申請による登記具備が認められており（不動産登記法63条2項），原則として遺言執行者による相続登記申請は受理されなかった。他方で，不実の登記名義が経由されている場合には，遺言執行者は，無権利の相続人等に対する抹消登記請求等をなし得た（最判平成11年12月16日民集53巻9号1989頁）。

このように，旧法では，特定財産承継遺言の場合における遺言執行者の具体的な権限の内容は複雑である。また，相続人から遺言執行者が不動産について遺言執行できないことに対する不満が生じることもある。

イ　そこで，改正民法は，遺言者の意思が明らかでない場合のデフォルトルールとして，遺言執行者は，共同相続人が特定財産承継遺言により取得

第4　遺言執行者の権限の明確化

することとなった特定の財産に関する対抗要件を具備するために必要な行為をすることができることとした（改正民法1014条2項）。

すなわち，不動産について遺産分割方法の指定がなされた場合，受益相続人は従前どおり単独で対抗要件を具備することが可能であるが，これに加えて，遺言執行者も対抗要件を具備するために必要な行為をすることができることとなった。

したがって，遺言執行者が遺言に基づき不動産について登記を行う場合，遺言執行者の資格において登記を行えばよく，相続人からの登記委任状を提出する必要はない。

同様に，債権や動産についても，遺言執行者が対抗要件を具備するために必要な行為（債権の場合は通知又は承諾。動産については簡易の引渡しで足りるか，現実の引渡しが必要か否かは争いがある（部会資料22-2・22頁，同23-2・14頁））をすることができる。

ウ　ただし，遺言者が遺言で別段の意思を表示したときは，特定遺贈の場合と異なり，遺言者の意思に従う（改正民法1014条4項）こととなる。

エ　施行日

本条に関する改正法は，令和元年7月1日から施行され，施行日以降に作成された特定の財産に関する遺言に関する執行について適用され，施行日前にされた特定の財産に関する遺言にかかる遺言執行者によるその執行には適用されない（附則8条2項）。

(5)　遺言の執行（預貯金債権の払戻・解約権限）

ア　特定財産承継遺言の対象となる遺産が預貯金債権である場合，遺言執行者は，対抗要件具備行為のほか，預貯金の払戻しを請求でき，また，預貯金債権の全部が特定財産承継遺言の目的である場合には当該預貯金の解約の申入れを行うことができることとされた（改正民法1014条3項）。

ただし，遺言執行者は，払戻しの「請求」や解約の「申入れ」をする権限を有することができるに留まり，強制的な解約権限まで有するものではなく，定額預貯金の満期が到来していない場合等，金融機関が当該請求又は申入れに応じるかについてなお裁量を有していることに注意する必要がある。

イ　実務上のポイント

預貯金債権の一部についてのみ特定財産承継遺言がなされた場合，遺言執

第3章 遺言制度の見直し

行者は，その一部についてのみ払戻権限を有し，当該預貯金債権の全体について解約の申入れを行うことはできない。

改正民法は，預貯金以外の金融商品について遺言執行者に解約権限を認めるものではない。かかる金融商品について，遺言執行者に当該権利の行使権限や基本契約の解約権限があるかどうかはあくまでも遺言者の意思解釈の問題である。

この点に関し，委託者指図型投資信託の受益権や個人向け国債については遺言執行者に解約権限を認めることは難しいと思われるが，預貯金債権と類似の関係が認められる権利については，改正民法は法律上の推定は及ばないことを明らかにするに留まっており，その類似性に鑑み事実上の推定が働くというべきである（部会資料20・36頁）。

なお，預貯金債権が特定遺贈の目的とされた場合に，遺言執行者が当該預貯金の払戻請求や解約の申入れを行うことができるかについては，規定はなく，解釈に委ねられている。この点に関し，改正民法1014条3項の規定が解釈の拠り所となるとの見解もある（議事録20・39頁堂薗幹事発言参照）が，必ずしも明らかでない。

ウ　施行日

本条に関する改正法は，令和元年7月1日から施行され，施行日以後に作成された特定の財産に関する遺言に関する執行について適用され，施行日前にされた特定の財産に関する遺言に係る遺言執行者によるその執行には適用されない（附則8条2項）。

(6) 遺言執行者の行為の効果

ア　効果の帰属主体の明確化

前記のとおり，遺言執行者が相続人の代理人とみなされていた理由は，本来，遺言執行者は遺言者の代理人として立場を有するというべきところ，遺言の効力が生じた時点では，遺言者は既に死者となっていることから，効果の帰属主体を明確化するためであった。

しかし，かかる規定があったがために，遺言執行者に対して，相続人の代理人として相続人の利益のために職務を行うべきと主張する相続人が現れた場合などには，遺言の執行に際して事実上のトラブルが生じることも見受けられた。

第4 遺言執行者の権限の明確化

そこで，改正民法は，遺言執行者が遺言の内容を実現することを職務とする法的地位にあることに鑑み，旧法1015条の実質的な意味を明らかにするため，遺言執行者の行為の効果が相続人に帰属する（行為の効力が直接に生じる）ことを明らかにした（改正民法1015条）。

イ　実務上のポイント〜顕名要件

旧法下において，遺言執行者が遺言の執行をする際に，「相続人のためにすることを示す」必要があるかは，文言上明らかではなかった。

ただし，一般的には，遺言執行者は，法律効果の帰属主体である相続人全員を明示することまでは必要とされないが，常に必ず執行者の資格を示して（遺言執行者である自己の名において）行為をしなければならないものと考えられている（『新版注釈民法（28）相続（3）（補訂版）』（有斐閣，2002年）361頁〔泉久雄〕）。改正民法は，民法99条と同様，遺言執行者の行為の効果を相続人に帰属させるためには，「遺言執行者であることを示してした」との要件（顕名）が必要であることを明確化した。

ウ　本条に関する改正法は，令和元年7月1日から施行され，その後に開始した相続に適用される（附則2条）。

(7)　遺言執行者の復任権

ア　旧法下では，遺言執行者は，遺言者がその遺言に反対の意思を表示した場合を除き，やむを得ない事由がなければ第三者にその任務を行わせることができない。

これは，遺言執行者は法定代理人ではあるが，その職務権限が任意代理人に近いからであると説明されている（我妻榮＝唄孝一『相続法（判例コンメンタール8）』（日本評論社，1966）301頁，『新版注釈民法（28）（補訂版）』365頁〔泉久雄〕）。

しかし，遺言執行者についても，遺言の内容いかんによっては，その職務が非常に広範に及ぶこともある。また，事案によっては弁護士等の法律専門家にこれを一任した方が適切な遺言の執行を期待することができる場合もある。さらに，遺言執行者は，実質的には既に死亡した遺言者の代理人として，その意思を実現することが任務とされており，その意味では，復代理を許諾すべき本人もない状況にあって，法定代理に近い状況にあるといえる。

そこで，改正民法は，遺言執行者についても，他の法定代理人と同様の要

97

件，すなわち，やむを得ない事由がなくても，自己の責任で復代理人を選任
できることとした。

遺言執行者が復任権を行使した場合の規律は，法定代理の場合（民法105条）
と同様の規律とされ，原則として遺言執行者が相続人に対して責任を負う。
第三者に任務を行わせることについてやむを得ない事由があるときは，遺言
執行者は，相続人に対してその選任及び監督についての責任のみを負う。

他方，遺言者が特段の定めをした場合における責任については，特別の定
めが設けられず，解釈により定められる。

イ　実務上のポイント

改正民法により，遺言執行者は，やむを得ない事由がなくても復代理人を
選任することが可能となった。

したがって，旧法下では認められなかった，例えば，法律上の知識がない
者が遺言執行者に就任した場合において，遺言の内容が複雑であるときなど
は，弁護士等を復代理人に選任して遺言執行の全てを委任することが可能と
なる。

この場合，遺言執行者と復代理人間の法律関係については，法律上は何ら
の規定はなく，委任契約によって定められることとなる。

ウ　施行日

本条に関する改正法は，令和元年7月1日から施行され，施行日後に作成
された遺言に係る遺言執行者の復任権について適用され，施行日前にされた
遺言に係る遺言執行者の復任権には適用されない（附則8条3項）。

（安部　将規）

第4章　遺留分制度の見直し

第1　改正の概要

1　遺留分の金銭債権化（新1046条）

遺留分制度は，旧法では，遺留分減殺請求によって，遺贈又は贈与は，遺留分を侵害する限度において失効し，受遺者又は受贈者（以下「受遺者ら」という。）が取得した特定の対象財産の権利は，その限度で遺留分権利者に帰属するとされていた（物権的効果）（旧法1031条，最判昭和35年7月19日民集14巻9号1779頁）。そのため，対象財産につき，遺留分権利者と受遺者らとの共有状態が生じていた。加えて，複数財産の遺贈の場合は，その価額に応じて割りつけて，各財産につき遺留分減殺するとされていることから，遺贈された複数の財産の全てについて，受遺者らと遺留分権利者との共有関係が生じていた。遺留分権利者の側から，共有関係を解消するには，共有物分割請求によるほかなく，新たな紛争を生じさせ，複雑な法律関係・紛争が長期化する原因となっていた。また，事業用不動産や自社株式の遺贈等につき，遺留分減殺請求がなされた場合には，これらが事業承継者と遺留分権利者との共有・準共有となり，目的物の価格を弁償してはじめて共有・準共有関係を免れることができるとされていたため，価格に争いのある場合等は，事業承継の支障になるケースが散見された。

遺留分は，被相続人の処分権の尊重と，遺留分権利者の生活保障・遺留分権利者間の公平を調整する点に，その趣旨がある。その実現には，必ずしも，遺産に対する所有権等の権利そのものを帰属させる物権的効果まで認める必要はなく，遺留分権利者に遺留分侵害額に相当する価値を返還させることで十分と考えられる。

そこで，改正民法では，遺留分の法的性質を，旧法の物権的効果が生じる

第4章 遺留分制度の見直し

規律を見直し，遺留分の行使によって，遺留分侵害額に相当する金銭債権が
生じることに転換した（遺留分の金銭債権化）（新1046条1項）。

2 遺留分義務者に対する期限の許与 （新1047条5項）

　そして，改正民法では，遺留分権利者から金銭請求を受けた受遺者らが，
金銭を直ちに準備できない場合には，受遺者らは，裁判所に対し，金銭債務
の全部又は一部の支払につき，期限の許与を求めることができることとした。

　受遺者らが，対象財産の権利自体を現物給付することによって，金銭債務
を免れるためには，遺留分権利者との間で，代物弁済の合意をする必要があ
る。

3 遺留分算定基礎財産に算入する特別受益の限定 （新1044条3項）

　また，旧法では，遺留分算定基礎財産（以下「基礎財産」という。）に算入さ
れる生前贈与の範囲について，相続人に対する特別受益たる生前贈与は時的
制限なく全て算入されることとされていたため，古い生前贈与まで遡って問
題とされ，さらにその評価も争いとなることが多く，紛争が長期化，複雑化
するケースが散見された。

　そこで，改正民法では，相続人に対する特別受益たる生前贈与について，
相続開始前10年間になされたものに限って，基礎財産に算入されることを原
則とした。

4 その他の遺留分算定方法の規定 （新1045条，1046条，1047条）

① 遺留分算定の計算式を明文化した（新1046条）。
② 負担付贈与がされた場合に，基礎財産に算入する贈与の価格を贈与か
　ら負担を差し引いた差額とした（新1045条1項）。
③ 不相当な対価による有償行為がなされた場合に，単に，基礎財産に，
　相当価額から不相当価額を差し引いた差額を算入することとした（新
　1045条2項）。
④ 遺産分割対象財産がある場合について，遺留分侵害額の算定の際に，
　遺留分権利者の具体的相続分（ただし寄与分は考慮しない）を控除するこ
　ととした（新1046条2項2号，新1047条1項）。

⑤　相続させる遺言，相続分の指定遺言による承継者が受遺者に含まれることを明文化した（新1046条 1 項，新1047条 1 項）。

⑥　受遺者らが相続人である場合は，当該相続人の遺留分を超過した額を遺留分侵害額請求債務の負担の限度とした（新1047条 1 項）。

5　遺留分算定における債務の取扱い（新1047条 3 項）

遺留分権利者の承継債務につき消滅行為をした受遺者らは遺留分侵害額債務の消滅の意思表示をすることができ，その場合，消滅した遺留分侵害額債務の限度で，消滅行為による受遺者らの求償権が消滅することとした（新1047条 3 項）。

以下では，改正民法の条文の順序に従い，順に説明する。

（松本　智子）

第 2　遺留分の帰属及びその割合

1　改正民法と旧法

〔改正民法〕

（遺留分の帰属及びその割合）

第1042条　兄弟姉妹以外の相続人は，遺留分として，次条第 1 項に規定する遺留分を算定するための財産の価額に，次の各号に掲げる区分に応じてそれぞれ当該各号に定める割合を乗じた額を受ける。

一　直系尊属のみが相続人である場合　 3 分の 1

二　前号に掲げる以外の場合　 2 分の 1

2　相続人が数人ある場合には，これらに，900条及び901条の規定により算定したその各自の相続分を乗じた割合とする。

〔旧法〕

（遺留分の帰属及びその割合）

第4章　遺留分制度の見直し

> 第1028条　兄弟姉妹以外の相続人は，遺留分として，次の各号に掲げる区分に
> 応じてそれぞれ当該各号に定める割合に相当する額を受ける。
> 　一　直系尊属のみが相続人である場合　被相続人の財産の3分の1
> 　二　前号に掲げる場合以外の場合　被相続人の財産の2分の1
> （代襲相続及び相続分の規定の準用）
> 第1044条　第887条第2項及び第3項，第900条，第901条，第903条並びに第
> 904条の規定は，遺留分について準用する。

参照：（法定相続分）第900条，（代襲相続人の相続分）第901条（子及びその代襲者等の相
　　　続権）第887条，（直系尊属及び兄弟姉妹の相続権）第889条

2　改正の趣旨

遺留分の金銭債権化（遺留分侵害額請求権化）に伴う変更

3　改正の概要

金銭債権化に伴う文言の変更にとどまり，実質的な変更はなされていない。

4　改正の内容

(1)　見送られた法制審議会での検討内容

相続法改正は，配偶者保護のための方策の検討から議論が始まったため，
配偶者の財産形成に関する貢献分を考慮する方策として，被相続人の財産の
属性に応じて遺留分の範囲を決める案（配偶者の遺留分を，婚姻後に形成され
た被相続人の財産に関しては2分の1，それ以外の被相続人の財産については4分
の1とする案）などが検討されたが，被相続人の財産の属性に応じて遺留分を
変えることが遺留分の趣旨（生活保障，相続人間の公平等）にかなうのか，配
偶者の生活保障のためであれば配偶者遺留分ではなく相続分を見直すべきで
ないか，被相続人の財産の属性の決定の困難から紛争が長期化するおそれが
ある等の意見が出たことから，改正は見送られた。

また，直系尊属に遺留分を認めないことも検討されたが，改正は見送られ
た。

以上の検討の結果，配偶者保護に関する実質的な改正はなされなかった。

(2) 改正の内容

遺留分の金銭債権化（遺留分侵害額請求権化）に伴い，旧法上「遺留分」としていた規定を，改正民法では「遺留分を算定するための財産の価額に……乗じた割合」と変更したものである。

各相続人の遺留分侵害額請求権の割合は，法定相続人が誰であるかによって，以下のとおり定められている（旧法と同じ）。

①法定相続人が配偶者と子である場合

　配偶者：1／2×1／2＝1／4

　子：1／2×1／2×1／子の人数

②法定相続人が配偶者と直系尊属である場合

　配偶者：1／2×1／2＝1／4

　直系尊属：1／2×1／2×1／直系尊属の数

③法定相続人が配偶者と兄弟姉妹である場合

　配偶者：1／2×1／2＝1／4

　兄弟姉妹：0

④法定相続人が子のみである場合

　子：1／2×1／子の人数

⑤法定相続人が直系尊属のみである場合

　直系尊属：1／3×1／直系尊属の数

⑥法定相続人が兄弟姉妹のみである場合

　兄弟姉妹：0

なお，基礎財産に算入する贈与の範囲における903条，904条の準用については，後述「第4　基礎財産に算入する贈与の範囲」を，また，遺留分侵害額の計算における903条，904条の準用については，後述「第6　遺留分侵害額の請求」を，それぞれ参照されたい。

5　実務上のポイント

旧法からの実質変更はない。

（松本　智子）

第4章　遺留分制度の見直し

第3　基礎財産

1　改正民法と旧法

〔改正民法〕

> （遺留分の算定）
> 第1043条　遺留分を算定するための財産の価額は，被相続人が相続開始の時に
> おいて有した財産の価額にその贈与した財産の価額を加えた額から債務の
> 全額を控除した額とする。
> 2　条件付きの権利又は存続期間の不確定な権利は，家庭裁判所が選任した鑑
> 定人の評価に従って，その価格を定める。

〔旧法〕

> （遺留分の算定）
> 第1029条　遺留分は，被相続人が相続開始の時において有した財産の価額にそ
> の贈与した財産の価額を加えた額から債務の全額を控除して，これを算定す
> る。
> 2　条件付きの権利又は存続期間の不確定な権利は，家庭裁判所が選任した鑑
> 定人の評価に従って，その価格を定める。

2　改正の趣旨

遺留分の金銭債権化（遺留分侵害額請求権化）に伴う変更

3　改正の概要

金銭債権化に伴う文言の変更にとどまり，実質的な変更はなされていない。

4　改正の内容

(1)　金銭債権化に伴う文言の変更

遺留分の金銭債権化に伴う文言の変更であり，実質的変更はなされていな

い。

　旧法上「遺留分」としていた規定を，改正民法では「遺留分を算定するための財産の価額」と変更したものである。

(2)　相続財産が債務超過でないことの明文化

　遺留分を算定するための財産の価額（以下「基礎財産」という。）は，被相続人が相続開始の時において有した財産の価額に，その贈与した財産の価額を加えた額から，債務の全額を控除して，これを算定するものとされ，条件付きの権利又は存続期間の不確定な権利は，家庭裁判所が選任した鑑定人の評価に従って，その価格を定めるものとされている（旧法と同じ）。相続財産が債務超過でない場合のみ遺留分権利者に遺留分侵害額請求権が認められることを明らかにした規定である。

　なお，相続人間の公平を著しく害するときは，権利濫用などの一般規定による贈与の効力の一部制限するなどの方法による救済が図られる可能性は，旧法の場合と同様，残されていると考えられる。

(3)　「価額」の争いについて

　相続開始の時において有した財産の価額は，解釈により相続開始時の時価であるとされている（旧法と同じ）。この点，遺留分を金銭債権化することにより，財産の価額に関する争いがより多くなるとも考えられるところ，例えば，需要が薄く換価困難な不動産などの価額は，固定資産税評価額や相続税評価額の方が実際の売却可能価格よりも高い場合も考えられることから，財産の価額は処分価格である旨明記する案が出されたが，処分価格概念も定まった評価方法があるわけではないため，今までどおり「価額」については，解釈に委ねられることとされた。

5　実務上のポイント

　旧法からの実質的な変更はなされていない。

　被相続人が相続開始の時において有した財産の「価額」がいくらであるかは，一義的ではなく，旧法下と同様の評価の問題が生じる。

（松本　智子）

第4章　遺留分制度の見直し

第4　基礎財産に算入する贈与の範囲

1　改正民法と旧法

〔改正民法〕

第1044条　贈与は，相続開始前の1年間にしたものに限り，前条の規定により
その価額を算入する。当事者双方が遺留分権利者に損害を加えることを知っ
て贈与をしたときは，1年前の日より前にしたものについても，同様とす
る。

2　第904条の規定は，前項に規定する贈与の価額について準用する。

3　相続人に対する贈与についての第1項の規定の適用については，同項中
「1年」とあるのは「10年」と，「価額」とあるのは「価額（婚姻若しくは養
子縁組のため又は生計の資本として受けた贈与の価額に限る。)」とする。

〔旧法〕

第1030条　贈与は，相続開始前の1年間にしたものに限り，前条の規定により
その価額を算入する。当事者双方が遺留分権利者に損害を加えることを知っ
て贈与をしたときは，1年前の日より前にしたものについても，同様とす
る。

第1044条　第887条第2項及び第3項，第900条，第901条，第903条並びに第
904条の規定は，遺留分について準用する。

〔参照〕

第904条　前条に規定する贈与の価額は，受贈者の行為によって，その目的で
ある財産が滅失し，又はその価格の増減があったときであっても，相続開始
の時においてなお原状のままであるものとみなしてこれを定める。

2　改正の趣旨

旧法下で，ほぼ無限定に基礎財産に算入されることとされている相続人に

106

対する特別受益たる贈与を，一定期間に限定することにより，受遺者らの不測の損害を回避し，基礎財産に算入する生前贈与の有無や，その評価に関する紛争の長期化を回避する趣旨である。

3　改正の概要

(1)　相続人以外に対する贈与
相続開始前1年間にした贈与に限り算入（旧法どおり）

(2)　相続人に対する贈与
ア　相続開始前10年間にした贈与

かつ

イ　特別受益となる贈与（旧法どおり）

を算入

(3)　当事者双方に遺留分権利者への害意のある贈与
期間制限なく算入（旧法どおり）

4　改正の内容

(1)　相続人以外に対する贈与
遺留分制度は相続人の生活保障を図り相続人間の公平を図ることを趣旨とするところ，旧法1030条前段は，その潜脱防止の観点から，死亡前一定期間の生前贈与について基礎財産の価額に算入することとし，一方で，相続開始前1年間という短期間に限ることにより，相続人でない受遺者らの不測の損害を防止してきた。

この旧法1030条前段の趣旨は現在も妥当するため，相続人以外に対する贈与は，相続開始前1年間にした贈与のみを算入することが原則とされた（旧法どおり）。

(2)　相続人に対する贈与
相続人に対する贈与は，

ア　相続開始前10年間にした贈与

かつ

イ　特別受益となる贈与

に限って，算入することとされた。

ア 相続開始前10年間にした贈与に限定

旧法では，相続人に対する贈与については，旧法1044条により準用される903条1項を適用し，原則として全て算入されてきた（最判平成10年3月24日民集52巻2号433頁）。

このため，相続人に対する古い贈与が算入されることにより，その存在を知り得ない第三者の受遺者らに対する減殺の範囲が変わり，第三者の法的安定性が害されるという問題があった。

また，旧法1030条の趣旨は，旧法1029条1項において，基礎財産の総額から相続債務の総額を控除するとされており，相続財産が債務超過でない場合のみ遺留分権利者に請求権が認められるところ，被相続人の死亡直前に相続財産を贈与することにより死亡時に相続財産を債務超過とすることによる潜脱を防ぐ点にある。

この点，被相続人の死亡時に近接する贈与だけではなく，時期を無限定に相続人に対する贈与を基礎財産に含めると，容易に資産超過になり，遺留分が認められる場合が多くなる結果となる。

一方，旧法1044条が準用する903条の趣旨は相続人間の公平にあるが，特別受益の一部のみに限って算入すると，相続人間の公平に反する結果となる。

今回の改正では，相続人間の公平よりも，特に第三者受遺者らの法的安定性を重視し，基礎財産の価額に算入する相続人に対する贈与を一定の範囲に限定することとされた。

そして，その期間は，中間試案では5年とされ，20年とする案もあったが，平均寿命の伸長，節税対策の普及などが考慮され，相続開始前10年間とされた。

イ 903条1項に規定する贈与（特別受益に該当する贈与）に限定

相続人に対する贈与については，相続開始前1年以内にしたものについても，特別受益に当たるものに限るのかにつき，特別受益に当たるものに限るとする限定説と特別受益に当たるものに限らないとする非限定説の両者が考えられるが，限定説を採用することを明確にした。旧法1044条による903条の準用を維持したものである。

中間試案では，相続人に対する贈与をより短期間とする代わりに，特別受益に該当する贈与に限定せず，その短期間のうちになされた贈与は全て含む

とする提案がなされていたが，採用されなかった。

　ただ，実質的には，相続人に対する贈与についての特別受益該当性は，裁判例においては，相当緩やかに解されているため，この解釈に変更がなければ，実質的には，大きな違いはないといえる。

(3) 当事者双方に遺留分権利者への害意のある贈与

　当事者双方が遺留分権利者に損害を加えることを知って贈与をしたときは期間制限なく，基礎財産に算入する旨の規定は維持された（旧法1030条後段どおり）。

　「遺留分権利者に損害を加えることを知って」（害意）とは，当事者双方において，贈与の当時，贈与財産が残存財産の価額を超えることを知っていたのみならず，将来相続開始までに被相続人の財産に何らの変動もないこと，少なくとも財産の増加のないことを予見していた事実があることを必要とするとされている（大判昭和11年6月17日民集15巻1246頁）。改正民法においても，この判例の趣旨は妥当することになろう。

〈具体例〉

　被相続人が死亡し，相続人は，妻X（法定相続分2分の1），長男Y（法定相続分4分の1），次男Z（法定相続分4分の1）の3名である。被相続人は，財産の全部（相続開始時の財産6000万円）を第三者Aに対し遺贈，長男Yに対し30年前に事業用不動産1億円を生前贈与。各相続人が遺留分を行使した結果，最終的な各人の取得額はどうなるか。
（被相続人とYに生前贈与の際「害意」ないことを前提とする）

第4章　遺留分制度の見直し

図1

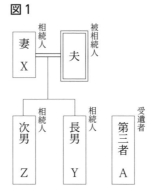

表1

相続人・受遺者・受贈者	X	Y	Z	A
法定相続分	1/2	1/4	1/4	0
遺贈				6000万円
生前贈与（30年前）		1億円		

【旧法】
　基礎財産＝遺贈＋生前贈与
　　　　　＝Aへの遺贈6000万円＋Yへの生前贈与1億円＝1億6000万円
　各相続人の遺留分＝基礎財産×遺留分×法定相続分
　　　　　　　　　　－遺贈による取得額－生前贈与による取得額
　　X＝1億6000万円×2分の1×2分の1＝4000万円
　　Y＝1億6000万円×2分の1×4分の1－1億円＝－8000万円＝なし
　　Z＝1億6000万円×2分の1×4分の1＝2000万円
　最終結果
　　X：Aに対し，4000万円遺留分請求し4000万円取得
　　Y：生前贈与で取得した1億円
　　Z：Aに対し，2000万円遺留分請求し2000万円取得
　　A：遺贈6000万円から，X・Zから請求を受けた遺留分請求合計6000万円
　　　 を支払い，残額ゼロ

【改正民法】

　基礎財産＝遺贈＋10年以内の特別受益

　　Aへの遺贈6000万円のみ

　各相続人の遺留分侵害額

　＝基礎財産×遺留分×法定相続分

　　－遺贈による取得額－全ての特別受益による取得額

　　X＝6000万円×2分の1×2分の1＝1500万円

　　Y＝6000万円×2分の1×4分の1－1億円＝－9250万円＝なし

　　Z＝6000万円×2分の1×4分の1＝750万円

　最終結果

　　X：Aに対し，1500万円遺留分請求し1500万円取得

　　Y：生前贈与で取得した1億円

　　Z：Aに対し，750万円遺留分請求し750万円取得

　　A：遺贈6000万円から，X・Zから受けた遺留分請求合計2250万円を支払い，残額3750万円

5　実務上のポイント

　今回の遺留分に関する改正のうち，実務に与える影響が大きい変更点である。

　相続人に対する生前贈与は，これまで903条による特別受益の持戻しがほぼ無限定になされていたことから，ほとんどが基礎財産に算入されてきたが，改正民法では，相続開始前10年間にした贈与に限られ，相続開始前10年よりも前の贈与は，当事者双方に遺留分権利者への害意のある贈与のみ算入される。

　早期に事業承継の検討を開始し，必要な事業用財産を生前贈与していくことで，他の相続人の同意がなくとも，基礎財産から除外することができるようになる道が生まれたといえる。

　なお，今後は，これまでよりもより多く，当事者双方が「遺留分権利者に損害を加えることを知って」した生前贈与であるかどうかにつき，争いが生じる可能性が高まるものと思われる。上述の判例（大判昭和11年6月17日民集15巻1246頁）などを踏まえ，「害意」ありとならないように注意する必要がある。

（松本　智子）

第4章　遺留分制度の見直し

第5　基礎財産に算入する負担付贈与の価額等

1　改正民法と旧法

〔改正民法〕

第1045条　負担付贈与がされた場合における第1043条第1項に規定する贈与
した財産の価額は，その目的の価額から負担の価額を控除した額とする。
2　不相当な対価をもってした有償行為は，当事者双方が遺留分権利者に損害
を加えることを知ってしたものに限り，当該対価を負担の価額とする負担付
贈与とみなす。

〔旧法〕

（負担付贈与の減殺請求）
第1038条　負担付贈与は，その目的の価額から負担の価額を控除したものにつ
いて，その減殺を請求することができる。
（不相当な対価による有償行為）
第1039条　不相当な対価をもってした有償行為は，当事者双方が遺留分権利者
に損害を加えることを知ってしたものに限り，これを贈与とみなす。この場
合において，遺留分権利者がその減殺を請求するときは，その対価を償還し
なければならない。

2　改正の趣旨

　遺留分の金銭債権化により，負担付贈与については，負担の価額を差し引
く一部算入説が合理的であり，それを採用することを明確化した。
　また，遺留分の金銭債権化により，当事者双方が遺留分権利者に損害を与
えることを知っていた不相当な対価による有償行為を全部贈与とみなして物
権的効果を発生させ遺留分権利者に不相当対価を償還させていた旧法1039条
は合理性がなくなったため，不相当な対価を負担とみて，負担の価額を贈与
の価額から差し引きすることとされた（新1045条2項）。

112

3 改正の概要

　負担付贈与については，贈与の目的の価額から負担の価額を控除した差額を，基礎財産に算入する。

　不相当な対価をもってした有償行為は，当事者双方が遺留分権利者に損害を加えることを知ってしたものに限り，有償行為の目的の価額から当該対価の価額を控除した差額を，基礎財産に算入する。

　この規定を，基礎財産に関する規定の一つと位置付けた。

4 改正の内容

(1) 負担付贈与

ア 一部算入説を採用

　遺留分の金銭債権化により，贈与の目的の価額から負担の価額を差し引きする一部算入説が合理的であり，贈与の目的の価額から負担の価額を控除した額（差額）を贈与財産の価額とすると規定し（新1045条1項），これを採用することを明確化したものである。

　旧法上，負担付贈与がされた場合については，その目的財産の価額から負担の価額を控除したものについて減殺を請求することができるとされているが（旧法1038条），この規定が基礎財産を算定するに当たっても，同様の取扱いをすることを意図したものか（一部算入説），基礎財産を算定する際には，その目的財産の価額を全額算入しつつ，減殺の対象を前記控除後の残額に限定した趣旨なのか（全部算入説）について，学説上見解が分かれている。全部算入説は，贈与を受けた相続人が，贈与を受けていない相続人より最終取得額が少ないという逆転現象が生じ得るほか，費用の前払いとみるか，負担付贈与の負担部分とみるか微妙なケースにおける事実認定次第で結論が大きく変わるという問題点がある。そこで，改正民法では，一部算入説をとることを明示した。

イ 負担の価額の評価

　負担部分の価額は，評価が困難な場合も多い。例えば，将来の母の介護等が負担とされることが多いが，これをどう評価するかは，今後も解釈に委ねられる。

第4章　遺留分制度の見直し

ウ　負担部分が大きい場合

また，負担付贈与の負担部分の価額が大きい場合には，基礎財産が小さくなることにより遺留分権利者の遺留分が計算上小さくなるという問題が生じるのではないかという懸念が示されていた。

この点，負担部分の価額が大きい場合には，実質的には受益者に対する贈与であると考えて，負担部分についても基礎財産に加えるとともに，遺留分侵害額請求の対象とするべきと解釈することが可能ではないかと考えられる。

この点は，今後の解釈に委ねられることとなった。

エ　負担付遺贈と負担付贈与の適用関係

負担付遺贈の規律である1003条は，負担付贈与よりも優遇されていることから，解釈論として遺贈と贈与を問わず，両者に1003条と1038条をともに適用するという考え方が主張されている。

一方，条文文言どおり，負担付遺贈には1003条のみ，負担付贈与には1038条のみが適用されるとする説もある。

この点は，今後も解釈に委ねられる。

(2)　不相当な対価による有償行為

ア　一部算入説の採用

不相当な対価による有償行為がある場合における遺留分の算定方法については，旧法1039条に規定がある。同条は，一般に，基礎財産を算定する際には，対価を控除した残額部分が加算されるが，減殺の対象となるのはその全額である（その代わりに遺留分権利者は対価を償還する）と解されている。

しかし，遺留分権利者に，本来権利行使できる価額を超えて遺留分侵害額請求を認める必要性は乏しいと考えられ，金銭債権化に伴い複雑なスキームを用いる合理性にも欠ける。

よって，旧法1039条を見直し，負担付贈与と同様，当該対価を負担とする贈与とみなして，相当対価から不相当な対価を控除した残額のみを，基礎財産に算入することとした。当然の帰結として，不相当な対価をもってした有償行為の取引の相手方は，対価を償還しない。

イ　当事者双方の害意の要件

また，旧法1039条前段の規定は，不相当な対価をもってした有償行為については，当事者双方が遺留分権利者に損害を加えることを知ってしたものに

限り，これを贈与とみなすとしている。これは，遺贈や贈与といった無償処分こそ被相続人の財産を一方的に減少せしめ，遺留分権利者を害する行為であるとして遺留分減殺の対象としているところ，その例外として当事者双方が遺留分権利者に損害を加えることを知ってしたものに限り，贈与とみなして減殺の対象としたものである。

この立法趣旨自体は現在も否定されないことから，旧法1039条前段の規律は維持されることを明らかにした。

〈具体例〉

> 被相続人の相続人は，長男X（法定相続分2分の1），次男Y（法定相続分2分の1）の2名である。被相続人は，財産の全部（相続開始時の財産6000万円）を第三者Aに対し遺贈，長男Xに対し5年前に被相続人の債務2000万円を免責的債務引受させる代わりに事業用不動産4000万円を生前贈与。各相続人が遺留分を行使した結果，最終的な各人の取得額はどうなるか。

図2

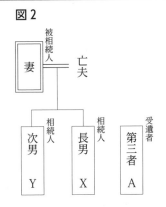

第4章　遺留分制度の見直し

表2

相続人・受遺者・受贈者	X	Y	A
法定相続分	1／2	1／2	0
遺贈			6000万円
生前贈与（5年前）	4000万円		
免責的債務引受（5年前）	2000万円		

【全部算入説】

　基礎財産＝遺贈＋負担付贈与の贈与額全額

　＝Aへの遺贈6000万円＋Xへの負担付生前贈与4000万円

　＝1億円

　各相続人の遺留分＝基礎財産×遺留分×法定相続分－遺贈－負担付贈与の
　　　　　　　　　贈与額全額

　　X＝1億円×2分の1×2分の1－4000万円＝－1500万円＝なし

　　Y＝1億円×2分の1×2分の1＝2500万円

　最終結果

　　X：生前贈与の4000万円から，負担2000万円を差し引き，2000万円

　　Y：Aに対し，2500万円遺留分請求し2500万円を取得

　　A：遺贈6000万円から，Yからの遺留分請求額2500万円を支払い，残額
　　　3500万円

【一部算入説・改正民法】

　基礎財産＝遺贈＋負担付贈与の贈与額－同負担額

　＝Aへの遺贈6000万円

　　＋（Xへの負担付贈与の価格4000万円－負担の価格2000万円）＝8000万円

　各相続人の遺留分＝基礎財産×遺留分×法定相続分－遺贈－負担付贈与の
　　　　　　　　　贈与額＋同負担額

　　X＝8000万円×2分の1×2分の1－4000万円＋2000万円＝ゼロ

　　Y＝8000万円×2分の1×2分の1＝2000万円

　最終結果

　　X：生前負担付贈与（4000万円－2000万円）＝2000万円

　　Y：Aに対し，2000万円遺留分請求し2000万円を取得

A：遺贈6000万円から，Yからの遺留分請求2000万円を支払い，残額4000
　　　万円

5　実務上のポイント

　遺留分の金銭債権化の合理的な帰結として，負担付贈与の負担額や，害意
ある不相当対価による処分の場合の対価については，遺留分侵害額から差し
引いて計算する（一部算入する）こととされたものである。

（松本　智子）

第6　遺留分侵害額の請求

1　改正民法と旧法

〔改正民法〕

　（遺留分侵害額の請求）
第1046条　遺留分権利者及びその承継人は，受遺者（特定財産承継遺言により
　財産を承継し又は相続分の指定を受けた相続人を含む。以下この章において
　同じ。）又は受贈者に対し，遺留分侵害額に相当する金銭の支払を請求する
　ことができる。
2　遺留分侵害額は，第1042条の規定による遺留分から第1号及び第2号に掲
　げる額を控除し，これに第3号に掲げる額を加算して算定する。
　一　遺留分権利者が受けた遺贈又は第903条第1項に規定する贈与の価額
　二　第900条から第902条まで，第903条及び第904条の規定により算定した相
　　続分に応じて遺留分権利者が取得すべき遺産の価額
　三　被相続人が相続開始の時において有した債務のうち，第899条の規定に
　　より遺留分権利者が承継する債務（次条第3項において「遺留分権利者承
　　継債務」という。）の額

第4章 遺留分制度の見直し

〔旧法〕

（遺贈又は贈与の減殺請求）

第1031条 遺留分権利者及びその承継人は，遺留分を保全するのに必要な限度で，遺贈及び前条に規定する贈与の減殺を請求することができる。

（条件付権利等の贈与又は遺贈の一部の減殺）

第1032条 条件付きの権利又は存続期間の不確定な権利を贈与又は遺贈の目的とした場合において，その贈与又は遺贈の一部を減殺すべきときは，遺留分権利者は，第1029条第2項の規定により定めた価格に従い，直ちにその残部の価額を受贈者又は受遺者に給付しなければならない。

（受贈者による果実の返還）

第1036条 受贈者は，その返還すべき財産のほか，減殺の請求があった日以後の果実を返還しなければならない。

（受贈者が贈与の目的を譲渡した場合等）

第1040条 減殺を受けるべき受贈者が贈与の目的を他人に譲り渡したときは，遺留分権利者にその価額を弁償しなければならない。ただし，譲受人が譲渡の時において遺留分権利者に損害を加えることを知っていたときは，遺留分権利者は，これに対しても減殺を請求することができる。

2 前項の規定は，受贈者が贈与の目的につき権利を設定した場合について準用する。

（遺留分権利者に対する価額による弁償）

第1041条 受贈者及び受遺者は，減殺を受けるべき限度において，贈与又は遺贈の目的の価額を遺留分権利者に弁償して返還の義務を免れることができる。

2 前項の規定は，前条第1項ただし書の場合について準用する。

2 改正の趣旨

遺留分制度の趣旨は，遺留分権利者の生活保障，相続人間の公平等であるところ，旧法での遺留分行使による物権的効果を改め，遺留分を遺留分権利者の受遺者らに対する遺留分侵害額の請求権とし金銭債権化した。それに伴い，物権的効果を前提とする規定を削除した。

旧法では，遺留分の計算式が明文化されていなかったため，遺留分侵害額

第6 遺留分侵害額の請求

請求権の計算式を明文化した。

相続させる遺言，相続分の指定遺言による承継者についても，本条における受遺者に含まれる旨を明文化した。

遺産分割対象財産がある場合について，具体的相続分（ただし寄与分による修正は考慮しない）を控除して，遺留分侵害額を算定する旨定めた。

3 改正の概要

① 遺留分侵害額の請求（遺留分の金銭債権化）
② 遺留分侵害額の計算式の明文化
③ 相続させる遺言，相続分の指定遺言による承継者が受遺者に含まれる旨明文化
④ 遺産分割対象財産がある場合について，具体的相続分（ただし寄与分による修正は考慮しない）を控除して，遺留分侵害額を算定する規定の新設

4 改正の内容

(1) 遺留分侵害額の請求（遺留分の金銭債権化）

ア 法的性質の変更

旧法の遺留分は，明治旧民法の家督相続時代の規定に最小限の修正を加えたものであった。明治旧民法の家督相続制度の下では，家督を相続する遺留分権利者に，家産を維持させるために，家産たる目的財産の所有権等の権利を直接帰属させる必要があった。

ところが，旧法では，家督相続制度は廃止され共同相続制度へ変更されたものの，遺留分について共同相続制度を踏まえた検討が不十分で，分かりにくく複雑で，判例（最判平成10年3月24日民集52巻2号433頁，最判平成10年2月26日民集52巻1号274頁）による補充がなされてきた。

また，旧法は，遺留分減殺請求により，当然に物権的効果が生じることとされていた（最判昭和35年7月19日民集14巻9号1779頁）。そのため，減殺請求の結果，遺贈又は贈与の目的財産は受遺者らと遺留分権利者との共有になることが多く，円滑な事業承継を困難にするとともに，共有関係の解消をめぐって新たな紛争を生じさせる原因となっていた。

この点，遺留分制度の趣旨は，被相続人の処分権の尊重と遺留分権利者の

119

生活保障や，相続人間の公平等との調整を目的とするものとされている。これらの趣旨は，いまだに肯定できるものである。

しかし，旧法においても，遺留分減殺請求を受けた受遺者らは，遺留分権利者に対し，各遺贈等目的物の価格の弁償をして，目的物の返還義務を免れることができた（旧法1041条，最判平成12年7月11日民集54巻6号1886頁）。これは，被相続人の処分権を重んじ，遺留分権利者の生活保障，相続人間の公平を図るためには，現物返還までは必要なく，目的たる価格を弁償させれば足りると考えられたからである。

このように，遺留分権利者の生活保障や相続人間の公平等の遺留分の趣旨を実現するためには，必ずしも，遺産に対する所有権等の権利そのものを帰属させる物権的効果まで認める必要はなく，遺留分権利者に遺留分侵害額に相当する価値を返還させることで十分と考えられる。

そこで，改正民法では，遺留分権利者の権利行使によって当然に物権的効果が生じるとされている旧法を見直し，これを金銭債権化し，遺留分を基礎財産の価額の一定割合として，遺留分を遺留分権利者の把握する価値権へと法的性質を転換した。

なお，そもそも，相続人が被相続人の死後も，生活上，特定の遺産を必要とする場合は，そのような内容の遺言をすることで対応することが本来の姿であり，本改正では，遺言促進の制度に資する改正もなされている。

〈具体例〉

相続人は，長男Xと次男Y，法定相続分は各2分の1である。被相続人は，長男Xに対し，事業用財産である甲不動産（5000万円分）と自社株（5000万円分）を相続させ，次男には2000万円の預貯金全部を相続させる旨の遺言をして死亡した。YがXに遺留分を行使した。どのような請求ができるか。

図3

表3

相続人・受遺者・受贈者	X	Y
法定相続分	1／2	1／2
相続させる遺言	不動産5000万円，自社株5000万円	2000万円

Yの遺留分侵害額＝死亡時遺産×遺留分×法定相続分－遺贈による取得額
　　＝｛(5000万円＋5000万円＋2000万円＝1億2000万円)×2分の1
　　　×2分の1＝3000万円｝－2000万円
　　＝1000万円

【旧法】
　Yの遺留分侵害額÷受遺者の取得額＝1000万円÷1億円＝10分の1
　Yは，遺留分減殺請求により，
　甲不動産（5000万円分）の10分の1（500万円分）の持分を取得するとともに，自社株（5000万円分）の10分の1（500万円分）の準共有持分を取得する。

【改正民法】
　Yは，Xに対し，1000万円の金銭請求ができる。

イ　形成権

金銭債権化された遺留分侵害額請求権については，遺留分権利者が行使し

第4章　遺留分制度の見直し

て初めて，遺留分侵害額に相当する具体的な金銭請求権が発生する形成権である。

　遺留分侵害額請求権の行使の際には，必ずしも金額を明示する必要はない。これらの点については，いずれも実質的に改正はない。

(2)　遺留分侵害額の計算式の明文化

ア　相続させる遺言，相続分指定遺言のある場合

　遺産分割方法の指定（相続させる遺言），相続分の指定を受けた相続人に対しても，遺留分侵害額請求権の行使をすることができることを明文化した。

　旧法では，遺留分減殺請求権の行使により，相続分の指定が減殺された場合には，遺留分割合を超える相続分を指定された相続人の指定相続分は，その遺留分割合を超える部分の割合に応じて修正されることになり（最決平成24年1月26日家月64巻7号100頁），修正後の相続分に応じて遺産分割が行われることになっていた。

　改正民法では，遺留分侵害額請求権の行使により金銭債権が発生することになる。相続分の指定に対する遺留分の行使の効果については，旧法と同様に相続分割合が修正され遺産分割がなされるとする説と，遺留分権利者は，遺留分侵害額に相当する具体的金銭請求権を取得するのみであり，遺産分割には参加できないとする説が考えられる。

　改正民法では，後者を採用することを明らかにした。

〈具体例〉

　被相続人の相続人は長男X，次男Y，長女Zの3名，法定相続分は各3分の1である。被相続人が，X，Y，Zの相続分を，それぞれゼロ，2分の1，2分の1と指定する遺言をした。遺産は，甲不動産1200万円，乙不動産1200万円，預金1200万円である。XがY及びZに対し遺留分請求をした。

第6 遺留分侵害額の請求

図4

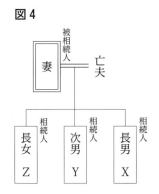

表4

相続人・受遺者・受贈者	X	Y	Z
法定相続分	1/3	1/3	1/3
相続分指定遺言	0	1/2	1/2
遺産	甲不動産1200万円，乙不動産1200万円，預貯金1200万円		

【遺産分割必要説】
　Xの遺留分：2分の1×3分の1＝6分の1
　Y，Zの相続分：
　法定相続分2分の1－Xの遺留分6分の1×受遺者の頭割り2分の1
　＝12分の5
　X6分の1，YZ各12分の5で遺産分割協議を行う。
　遺産分割の結果，X：600万円分取得
　　　　　　　　 YZ：各1500万円分取得

【改正民法＝具体的金銭請求のみ説】
　Xの遺留分侵害額＝死亡時遺産×遺留分×法定相続分
　　　　　　　　＝3600万円×2分の1×3分の1＝600万円
　XはY及びZに対し，各600万円×YZの指定相続分2分の1＝300万円の遺留分請求ができる。
　YZは，相続分各2分の1としてYZのみで遺産分割協議をする。

第4章　遺留分制度の見直し

イ　遺産分割の対象財産がある場合

　　a　遺留分侵害額計算で控除すべき遺産分割取得分
　旧法上，遺留分侵害額の計算は，基礎財産を確定し，それに遺留分の割合を乗じ，遺留分権利者が特別受益を得ているときはその額を控除して遺留分の額を算定した上，同遺留分の額から，遺留分権利者が相続によって得た財産がある場合にはその額を控除し，また，同人が負担すべき相続債務がある場合はその額を加算して求めることとされていた（最判平成8年11月26日民集50巻10号2747頁）。
　　b　未分割遺産がある場合
　未分割遺産がある場合に，遺留分権利者が相続によって得る積極財産の価額を，どのように算定すべきかについては，法定相続分を前提に算定すべきとする説と，具体的相続分（ただし寄与分による修正は考慮しない）を前提に算定する説に分かれている。
　　①　法定相続分説
　法定相続分説は，未分割遺産につき，遺留分算定の基準時である相続開始時点において，実体法上の権利関係によって当然に定まるものではなく具体的相続分は確定していないことを論拠としている。
　　②　具体的相続分説
　具体的相続分説は，相続開始時点において既に発生している贈与，遺贈等の事実に基づき算定することができるので，観念し得るが，寄与分の有無及び額は相続開始時には確定せず，相続人間に争いがある場合には家庭裁判所の審判で決定するものであるため，寄与分による修正は考慮しないとするものである。
　遺留分について，特別受益が存在する場合が多いにもかかわらず，これを考慮しない法定相続分を採用した場合には，具体的遺産分割の結果との齟齬が大きくなり，遺贈を受けた相続人が，遺贈を受けていない相続人より最終的な取得額が少なくなる可能性がある不都合があるからである。
　　c　遺産分割が既に終了している場合
　一方，遺産分割が既に終了している場合には，既になされた遺産分割による取得額を控除するか，既になされた遺産分割とは関係なく具体的相続分を算定して控除するのか，二つの考え方があった。

d 改正の内容

上記のとおり分かれていた解釈を統一するために、遺産分割の対象となる財産がある場合には、遺産分割が先行しているかどうかにかかわらず、遺留分侵害額の算定をするに当たり、遺留分から、900条から904条までの規定により算定した相続分（具体的相続分、ただし寄与分は考慮しない）を、遺留分権利者が取得すべき遺産の価額を控除するとの規定が新設された。

なお、改正民法によっても、具体的相続分の額については、遺留分訴訟と、遺産分割審判で各々判断されることとされているため、両者の判断は統一されない。

〈具体例〉

> 被相続人の相続人は、妻X、長男Y、次男Zの3名、法定相続分は2分の1、4分の1、4分の1である。
>
> 被相続人は、長男Yに対する遺贈1000万円、第三者Aに対する遺贈8000万円との遺言を作成。死亡時の財産は、上記遺贈を含め1億円である。X及びZが、Y及びAに遺留分請求した場合、最終的な各人の取得額はどうなるか。

図5

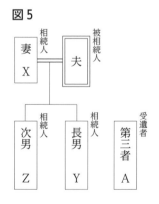

第4章　遺留分制度の見直し

表5

相続人・受遺者・受贈者	X	Y	Z	A
法定相続分	1／2	1／4	1／4	0
遺贈		1000万円		8000万円
遺産分割対象財産	1000万円			

【法定相続分説】
　　遺産分割対象財産：遺贈分を除く死亡時財産＝1000万円
　　　Xの法定相続分2分の1相当額：500万円
　　　Y及びZの法定相続分4分の1相当額：各250万円
　　みなし相続財産：遺産分割対象財産＋相続人に対する遺贈
　　　　　　　　　＝1000万円＋1000万円＝2000万円
　　　Xの具体的相続分：みなし相続財産×法定相続分
　　　　　　　　　　　＝2000万円×2分の1＝1000万円
　　　Yの具体的相続分：みなし相続財産×法定相続分－遺贈
　　　　　　　　　　　＝2000万円×4分の1－1000万円＝－500万円＝なし
　　　Zの具体的相続分率：みなし相続財産×法定相続分
　　　　　　　　　　　　＝2000万円×4分の1＝500万円
　　　Xの遺産分割取得額：
　　　　1000万円×1500万分の1000万＝666万円
　　　Yの遺産分割取得額：ゼロ
　　　Zの遺産分割取得額：1000万円×1500万分の500万＝333万円
　　Xの遺留分：遺留分×法定相続分＝2分の1×2分の1＝4分の1
　　　Xの遺留分侵害額：
　　　　（死亡時遺産＋遺贈）×Xの遺留分－遺産分割対象財産額
　　　　×Xの法定相続分
　　＝（1000万円＋8000万円＋1000万円）×4分の1－（1000万円×2分の1）
　　＝2000万円
　　Yの遺留分：遺留分×法定相続分＝2分の1×4分の1＝8分の1
　　　Yの遺留分侵害額：
　　　　（死亡時遺産＋遺贈）×Y遺留分－遺贈＝遺産分割対象財産額

第6　遺留分侵害額の請求

　　　　×Ｙ法定相続分

　　＝（1000万円＋8000万円＋1000万円）×8分の1－1000万円－（1000万円

　　　×4分の1）＝ゼロ

　　Ｚの遺留分：遺留分×法定相続分＝2分の1×4分の1＝8分の1

　　　Ｚの遺留分侵害額：

　　　　（死亡時遺産＋遺贈）×Ｚの遺留分－遺産分割対象財産額

　　　　×Ｚの法定相続分

　　＝（1000万円＋8000万円＋1000万円）×8分の1－（1000万円×4分の1）

　　＝1000万円

　　　Ｘの最終取得額：666万円＋2000万円＝2666万円

　　　Ｙの最終取得額：1000万円

　Ｚの最終取得額：333万円＋1000万円＝1333万円

【具体的相続分説】

　　遺産分割対象財産：1億円－9000万円＝1000万円

　　　Ｘの法定相続分2分の1相当額：500万円

　　　Ｙ及びＺの法定相続分4分の1相当額：各250万円

　　みなし相続財産：1000万円＋1000万円＝2000万円

　　　Ｘの具体的相続分：2000万円×2分の1＝1000万円

　　　Ｙの具体的相続分：2000万円×4分の1－1000万円

　　　　　　　　　　　　＝－500万円

　　　Ｚの具体的相続分：2000万円×4分の1＝500万円

　　　Ｘの具体的相続分相当額：

　　　　1000万円×1500万円分の1000万円＝666万円

　　　Ｙの具体的相続分相当額：ゼロ

　　　Ｚの具体的相続分相当額：

　　　　1000万円×1500万円分の500万円＝333万円

　　　Ｘの遺留分：2分の1×2分の1＝4分の1

　　　Ｘの遺留分侵害額：

　　　　1億円×4分の1－666万円＝1834万円

　　　Ｙの遺留分：2分の1×4分の1＝8分の1

　　　Ｙの遺留分侵害額：

　　　　1億円×8分の1－1000万円－ゼロ＝250万円

　　　Ｚの遺留分：2分の1×4分の1＝8分の1

第4章　遺留分制度の見直し

　　Zの遺留分侵害額：
　　　1億円×8分の1－333万円＝917万円
　　X の最終取得額：666万円＋1834万円＝2500万円
　　Y の最終取得額：1000万円＋250万円＝1250万円
　　Z の最終取得額：333万円＋917万円＝1250万円

ウ　計算式

　遺留分侵害額及び遺留分額を求める計算式（最判平成8年11月26日民集50巻10号2747頁等）は，実務上定着しているため，これを明文化した。上記第4で既述の遺留分を算定するための財産の価額に関する規律，上記イで記載の遺産分割の対象となる財産がある場合に関する規律の改正を反映した計算式となっている。

　遺留分権利者に対する特別受益は，相続開始前10年以内のものに限らず控除される。旧法1044条が903条を準用した趣旨は，遺留分侵害額の算定において，遺留分権利者に特別受益がある場合はこれを控除することにあるため，遺留分侵害額の計算においては，相続開始前10年以内の贈与に限らず控除されることとされた。

　具体的な計算式は以下のとおり規定されている。

遺留分侵害額
＝1042条の規定による遺留分
－遺留分権利者が受けた特別受益（期間限定なし）
－遺産分割対象財産の遺留分権利者の具体的相続分相当額（既に遺産分割が
　終了している場合を含む。ただし，寄与分による修正は考慮しない）
＋899条の規定（相続分）により遺留分権利者が承継する相続債務の額

　なお，遺留分権利者の相続債務に係る負担割合が変更された場合については，後述第7記載の改正民法1047条3項の解説部分を参照されたい。

5　実務上のポイント

(1)　贈与・遺言作成時の検討事項

　被相続人（贈与者・遺贈者）の立場からは，旧法では，遺留分権利者から遺

留分の行使があった場合に，物権的効果により，受遺者らと遺留分権利者の共有状態が発生することを念頭に，これに配慮をして，生前贈与・遺言の作成が行われていたが，改正民法では，受遺者らが，遺留分権利者からの金銭請求を支払えるかという観点からの検討が必要となる。

(2) 遺留分行使の際の検討事項

遺留分権利者の立場からは，遺留分行使の相手方の資力が問題となる。旧法では，遺留分の保全として，遺贈目的物の処分禁止仮処分を先行させる場合があったが，改正民法では，受遺者らの財産に対する仮差押えを検討することとなる。保全の必要性は，相続債権者による相続人の財産の仮差押えの場合と同様に検討されることになると予想される。

(3) 遺留分権利者の請求額算出の際に控除される金額

ア　遺産分割対象財産がある場合

遺産分割対象財産がある場合，遺留分侵害額請求の計算において，遺留分権利者の具体的相続分が控除されることとされた。遺留分権利者に，遺産分割において寄与分が認められるような場合（あるいは寄与分が認められた場合）であっても，寄与分による取得部分は遺留分侵害額の計算においては控除されないこととなる。

イ　遺留分権利者に対する生前贈与

基礎財産に算入される相続人に対する贈与は，相続開始前10年間の特別受益たる贈与に限定された一方，遺留分侵害額算出の際には，遺留分権利者が受けた特別受益たる生前贈与はその時期にかかわらず控除されることに注意が必要である。

（松本　智子）

第4章 遺留分制度の見直し

第7 受遺者らの負担額

1 改正民法と旧法

〔改正民法〕

（受遺者らの負担額）

第1047条 受遺者らは，次の各号の定めるところに従い，遺贈（特定財産承継遺言による財産の承継又は相続分の指定による遺産の取得を含む。以下この章において同じ。）又は贈与（遺留分を算定するための財産の価額に算入されるものに限る。以下この章において同じ。）の目的の価額（受遺者らが相続人である場合にあっては，当該価額から第1042条の規定による遺留分として当該相続人が受けるべき額を控除した額）を限度として，遺留分侵害額を負担する。

　一　受遺者と受贈者とがあるときは，受遺者が先に負担する。

　二　受遺者が複数あるとき，又は受贈者が複数ある場合においてその贈与が同時にされたものであるときは，受遺者らがその目的の価額の割合に応じて負担する。ただし，遺言者がその遺言に別段の意思を表示したときは，その意思に従う。

　三　受贈者が複数あるとき（前号に規定する場合を除く。）は，後の贈与に係る受贈者から順次前の贈与に係る受贈者が負担する。

2　第904条，第1043条第2項及び第1045条の規定は，前項に規定する遺贈又は贈与の目的の価額について準用する。

3　前条第1項の請求を受けた受遺者らは，遺留分権利者承継債務について弁済その他の債務を消滅させる行為をしたときは，消滅した債務の額の限度において，遺留分権利者に対する意思表示によって第一項の規定により負担する債務を消滅させることができる。この場合において，当該行為によって遺留分権利者に対して取得した求償権は，消滅した当該債務の額の限度において消滅する。

4　受遺者らの無資力によって生じた損失は，遺留分権利者の負担に帰する。

5　裁判所は，受遺者らの請求により，第1項の規定により負担する債務の全部又は一部の支払につき相当の期限を許与することができる。

130

〔旧法〕

（贈与と遺贈の減殺の順序）

第1033条　贈与は，遺贈を減殺した後でなければ，減殺することができない。

（遺贈の減殺の割合）

第1034条　遺贈は，その目的の価額の割合に応じて減殺する。ただし，遺言者がその遺言に別段の意思を表示したときは，その意思に従う。

（贈与の減殺の順序）

第1035条　贈与の減殺は，後の贈与から順次前の贈与に対してする。

（受贈者の無資力による損失の負担）

第1037条　減殺を受けるべき受贈者の無資力によって生じた損失は，遺留分権利者の負担に帰する。

2　改正の趣旨

遺留分の金銭債権化に伴い，遺贈や贈与の「減殺」を前提とした規定を改めた。

あわせて，遺留分侵害額請求を受けた受遺者らが，直ちには，金銭での支払ができない場合には，裁判所が期限の許与をすることができる旨定めた。

受遺者らが遺留分権利者の承継債務につき，消滅行為をした場合には，受遺者らの意思表示により，遺留分侵害額債務が消滅する旨の規定が置かれた。

遺言による遺留分減殺順序の指定の規定が遺贈による受遺者らの負担額の指定に改められた。

3　改正の概要

(1)　1項（一部明文化）

他の相続人の遺留分を侵害している者が複数いる場合の遺留分侵害額請求の債務者となる順序と負担割合は，旧法を実質維持した。

遺言による遺留分減殺順序の指定の規定が遺贈による受遺者らの負担額の指定に改められた。

相続させる遺言や相続分指定遺言による承継も遺贈に含むことを明文化した。

131

第4章 遺留分制度の見直し

　負担付贈与の場合は，基礎財産に算入される部分に限って遺留分侵害額請求を負担することを明文化した。

　受遺者らが相続人である場合は，当該相続人の遺留分額を超過した額を遺贈又は贈与の目的の価額とする旨の規定を新設した。

(2)　**2項（改正なし）**

(3)　**3項（新設）**

　遺留分権利者の承継債務につき消滅行為をした受遺者らは，遺留分侵害額債務の消滅の意思表示をすることができる。この場合，遺留分侵害額債務の限度で受遺者らの遺留分権利者に対する求償権は消滅する。

(4)　**4項（改正なし）**

(5)　**5項（新設）**

　裁判所は，受遺者らの請求により，1項の規定により負担する債務の全部又は一部の支払につき相当の期限を許与することができることとされた。

4　改正の内容

(1)　**1項**

ア　受遺者らの負担順序と負担割合

　遺留分侵害額請求権の行使の結果，具体的金銭債権が発生することになるが，他の相続人の遺留分を侵害している者が複数いる場合の遺留分侵害額負担の順序と負担割合については，旧法1033条，1034条，1035条を実質維持し，改正民法では以下のとおり規定された。

（原則）

①　受遺者と受贈者があるときは，受遺者が先に負担（1047条1項1号）

②　複数の受贈者があるときは，後の受贈者から負担（1047条1項3号）

③　複数の受遺者，同時に受贈された複数受贈者は，その目的額の割合に応じて負担（1047条1項2号）

（例外）

　遺言者の別段の意思表示があれば，その意思に従う。

　旧法での遺言による遺留分減殺順序の指定が，遺言による受遺者らの負担額の指定に改められた。旧法下で作成された遺留分減殺順序の指定の遺言の効力については残された問題である。後述第9の1(2)を参照されたい。

132

イ　遺贈には，相続させる遺言，相続分の指定遺言による財産取得を含むことを明文化した。

　ウ　受遺者らが相続人である場合，当該相続人の遺留分額を超過した額を遺贈又は贈与の目的の価額とするものとしている。

　1034条の目的の価額に関する解釈として，受遺者が相続人である場合には，その遺留分額を超過した額を遺贈の目的の価額とするという解釈が有力であり（いわゆる遺留分超過額説），最判平成10年2月26日民集52巻1号274頁もこの解釈を肯定している。このことを明らかにした。

　エ　受遺者の負担額の基準となる贈与は，遺留分を算定するための財産の価額に算入される贈与に限ることを明文化した。すなわち，負担付贈与や不相当対価をもってした有償行為は，負担の価額と贈与の目的価額の差額を算入するとされた。上述第5「4(1)　負担付贈与」の記述を参照されたい。

〈具体例〉

> 　被相続人の相続人は長男X，次男Y，長女Z，法定相続分は各3分の1である。被相続人は，第三者AとBに甲土地（500万円分）を均分で遺贈した。死亡の1年前に次男Yに乙土地（1000万円分）を生前贈与し，死亡の3年前に長女Zに丙不動産（4500万円）を生前贈与していた。その他に遺産はない。XはABYZに遺留分を行使した。具体的には，どのような請求ができるか。

図6

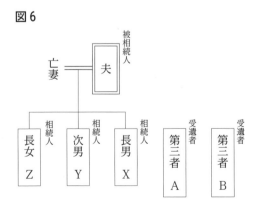

第4章　遺留分制度の見直し

表6

相続人・受遺者・受贈者	X	Y	Z	A	B
法定相続分	1／3	1／3	1／3	0	0
遺贈				甲土地持分1／2（250万円）	甲土地持分1／2（250万円）
生前贈与1年前		乙土地1000万円			
生前贈与3年前			丙不動産3600万円		

【X，Yの遺留分】

（死亡時遺産＋遺贈＋生前贈与）×遺留分×相続分

＝（ゼロ＋500万円＋1000万円＋3600万円）×2分の1×3分の1

＝850万円

【旧法】

Xは，

Aに対し，甲不動産のA持分2分の1全部（250万円分）の移転登記を求め，

Bに対し，甲不動産のB持分2分の1全部（250万円分）の移転登記を求め，

Yに対し，乙不動産の持分20分の3（1000万円からYの遺留分850万円を控除した残額＝150万円分）の所有権移転登記を求め

Zに対し，丙不動産の持分18分の1（850万円－250万円－250万円－150万円＝200万円分）の移転登記を求めることができる。

【改正民法】

Xは，Aに対し250万円，Bに対し250万円，Yに対し150万円，Zに対し200万円の遺留分請求ができる。

⑵　**2項（改正なし）**

⑶　**3項：遺留分請求額の算定における債務の扱い（新設）**

　遺留分侵害額を算定する際に，遺留分権利者が承継した相続債務の額を加算するのが原則である。

　例外として，受遺者らが，（要件1）遺留分権利者が承継した相続債務につ

いて第三者弁済をするなどして，これを消滅させた場合に，（要件 2 ）遺留分権利者に対し，遺留分侵害額債務の消滅の意思表示をしたとき，（効果）受遺者らが遺留分権利者に対して取得した求償権は，遺留分侵害額債務が消滅した限度において，消滅する。

遺留分侵害額債務の消滅請求後に，受遺者らに求償権の行使を認めると，受遺者らが実質的に二重の利益を得ることになって相当ではないから，求償権の消滅を明確化したものである。

受遺者らの消滅請求には，時的限界はない。金銭請求訴訟で一定の金額の支払が命じられた後，受遺者らが相続債務等を弁済した場合にも請求可能であり，実質的には相殺に近い意義がある。相殺については前訴の既判力によっては遮断されないことも時的限界のないことの根拠となる。

弁済した受遺者らが遺留分権利者に対する求償権と金銭債務を相殺することも可能である。本規定の実益は，事業承継に伴い，金融機関との合意により，受遺者らが免責的債務引受をしただけで求償権が生じない場合や，受遺者らが自己の法定相続分を超える相続債務を期限前に第三者弁済をした場合（求償権が弁済期にない場合），遺留分権利者の受遺者らに対する金銭請求権に対し差押えがされた後受遺者らが第三者弁済をした場合（民法511条）などにある。

遺留分権利者が破産した場合にも，債務消滅請求権を行使できるか，破産法の危機時期における相殺禁止の潜脱を認めることになるのではないかが問題となる。倒産法上の相殺禁止規定の類推適用が可能となるかどうか，倒産法の解釈に従うことになる。

〈具体例〉

被相続人の相続人は長男 X 及び次男 Y ，法定相続分は各 2 分の 1 である。被相続人は，長男 X に，甲不動産（2500万円分）と乙不動産（1500万円分）を生前贈与。被相続人には，相続債務が2000万円ある。Y が X に遺留分請求。X は相続債務2000万円を支払った。X が消滅請求をした場合，X の遺留分侵害額債務はどうなるか。

第4章 遺留分制度の見直し

図7

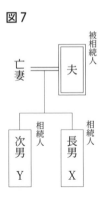

表7

相続人・受遺者・受贈者	X	Y
法定相続分	1/2	1/2
生前贈与	甲不動産2500万円 乙不動産1500万円	
相続債務	2000万円	

【Yの遺留分】
　基礎財産：生前贈与－相続債務＝2500万円＋1500万円－2000万円＝2000万円
　遺留分：基礎財産×遺留分×法定相続分＝2000万円×2分の1×2分の1
　　　　＝500万円
　遺留分侵害額：遺留分＋相続債務の承継額
　　　　　　　＝500万円＋2000万円×2分の1＝1500万円
　Xが相続債務2000万円を支払い、遺留分侵害額債務（2000万円×2分の1＝1000万円）の消滅請求をしたときは、YのXに対する遺留分侵害額請求権は1000万円分消滅し、残額500万円となる。同時に、弁済によるXのYに対する相続債務の持分割合に従った1000万円の求償権も消滅する。

136

第7　受遺者らの負担額

(4)　**4項：改正なし**

(5)　**5項：期限の許与（新設）**

　被相続人の財産が，換価不能，換価困難な財産である場合など，遺留分権利者から遺留分侵害額の金銭請求を受けた受遺者らが，直ちには金銭を準備することができない場合もあり得る。

　この場合，金銭債権化された遺留分侵害額請求権は，遺贈又は贈与の対象財産だけでなく，これを含む受遺者らの個人財産全部が，その責任財産とされることから，換価容易な財産が差押えされるなどして，受遺者らが不利益を被る場合もあり得る。

　そこで，受遺者らの不利益に配慮し，受遺者らの請求により，裁判所が，金銭債務の全部又は一部の支払につき，期限の許与をすることができることとした。

　この期限の許与の規定は，後述の遺贈等目的物の現物給付に代わる制度として設けられたものであり，相当緩やかに認められることになろう。

　遺留分侵害額請求権行使により発生する具体的金銭請求権の遅滞時期は，一般的な金銭債権と同様とされる。遺留分侵害額債務は期限の定めのない債務であり，行使と同時に遅滞に陥るのが原則である。上述のとおり，受遺者らの請求により，裁判所は期限の許与をすることができることから，判決により遅滞時期を定めることが可能であると考えられる。

　なお，上述したとおり，金銭債権化された遺留分侵害額請求権は，遺贈又は贈与の対象財産だけでなくこれを含む受遺者らの個人財産全部が，その責任財産とされることから，換価容易な財産が仮差押の対象とされる場合もあり得る。この場合，相続債権者による相続人に対する仮差押えの場合と同様，保全の必要性において，遺産が既に換価されている等の残された遺産不動産では不十分であることが検討されるなど，慎重な判断が求められることになろう。

〈具体例〉

　被相続人の相続人は長男X及び次男Y，法定相続分は各2分の1である。被相続人は，家業を継いでいる長男Xに，自宅兼事業用の甲不動産（2500万円

分）と同乙不動産（1500万円分）を相続させる遺言をした。被相続人には，相続債務が2000万円あり，甲不動産及び乙不動産に相続債務のための根抵当権が設定されている。相続債務は，金融機関との話し合いの結果，長男Xが免責的債務引受をすることとなった。Yの遺留分侵害額請求はどうなるか。

図8

表8

相続人・受遺者・受贈者	X	Y
法定相続分	1／2	1／2
相続させる遺言	甲不動産2500万円 乙不動産1500万円 （指定相続分1）	（指定相続分ゼロ）
相続債務	2000万円	ゼロ

【Yの遺留分】
　基礎財産：死亡時遺産－相続債務＝2500万円＋1500万円－2000万円＝2000万円
　Yの遺留分：基礎財産×遺留分×法定相続分＝2000万円×2分の1×2分の1
　　　＝500万円
　Yの遺留分侵害額：遺留分＋相続債務の承継額＝500万円＋ゼロ

第7　受遺者らの負担額

※最判平成21年3月24日民集63巻3号427頁により，具体的財産を相続人に相続させる遺言は，相続分の指定も兼ね，債権者がこれを認めた場合は，その相続分の指定に従った相続債務の負担割合のみ，遺留分侵害額の算出の際に加算される。本件では，本件遺言は，Yの相続分をゼロ，Xの相続分を1とする遺言であり，Yの遺留分侵害額の算出の際は，Yの相続債務承継額はゼロであり，加算されない。

よって，Yは，Xに500万円の遺留分請求を行うことができる。これに対し，Xは，承継した家業からの少ない収益での分割払いを希望したが，Yは同意しなかった。

このような事例では，判決により，Xの分割払いを認める期限の許与が検討されることとなろう。

(6)　見送られた問題（目的物の現物給付について）

受遺者らが，遺留分権利者に対し，遺贈又は贈与の目的たる財産を交付することにより遺留分侵害額請求を免れる現物給付の規定の新設は見送られた。

この点，被相続人の財産が，換価不能，換価困難な財産である場合など，遺留分権利者から遺留分侵害額の金銭請求を受けた受遺者らが，遺贈等の目的物の給付をもって，遺留分侵害額請求を免れる現物給付を認める必要があるとも考えられたが，この点は，上記(5)で述べたとおり裁判所による期限の許与を認めることで不都合を回避することとされた。

そのため，受遺者らは，金銭ではなく，不動産などの他の財産の交付による弁済を希望するときには，遺留分権利者との合意による代物弁済によるほかない。

また，不動産の場合，旧法のような遺留分減殺との登記はできず，代物弁済の登記となると考えられる。

なお，いずれの場合も，相続を原因とする登記をするためには，別途相続人全員での遺産分割協議が必要となる。

〈具体例〉

被相続人の相続人は長男X及び次男Y並びに長女Z，法定相続分は各3分の

第4章　遺留分制度の見直し

1である。被相続人は，いずれも収益物件である甲不動産（1億円分）と乙不動産（1500万円分），丙不動産（500万円分）をYに遺贈。
　XがYに遺留分侵害額請求を行ったが，Zは行わなかった。

図9

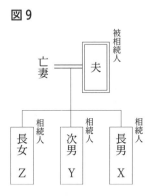

表9

相続人・受遺者・受贈者	X	Y	Z
法定相続分	1／3	1／3	1／3
相続させる遺言		甲不動産1億円 乙不動産1500万円 丙不動産500万円	

基礎財産：1億円＋1500万円＋500万円＝1億2000万円
Xの遺留分侵害額：1億2000万円×2分の1×3分の1＝2000万円
　Yは，Xに対し，乙不動産及び丙不動産の取得を提案し，合意した。
【旧法】
　X→Y：乙丙全部の遺留分減殺登記

【改正民法】
　X→Y：乙丙の代物弁済登記
　　　　（Zが協力すれば乙丙につき相続登記）

5　実務上のポイント

　上記第6の実務上のポイントで述べたとおり，遺贈・生前贈与を行う場合には，受遺者らの資力に注意する必要がある。遺留分権利者からの金銭請求を受けた受遺者らは，遺留分権利者と合意しなければ，遺贈・贈与の目的物を提供することで債務の弁済に代えることはできない。

　資力の乏しい受遺者らに不動産のみを遺贈・贈与する場合には，遺留分侵害額負担の指定として，複数受遺者のうちどの受遺者が遺留分侵害額を負担するかを明記する，遺留分侵害額請求を受けたときは特定不動産による現物給付ができることを明記する，遺留分侵害額請求を受けたときの支払方法（例えば，目的不動産からの将来賃料による分割払いとする等）を明記する，などの方法が考えられる。遺留分が金銭債権化された改正民法において，遺言に上記の記載がある場合，遺言の法的効力の解釈問題として残された点である。

　私見としては，遺言の趣旨から，現物を取得させる意思が認められる場合に，法改正により全く現物取得の効力を否定するのは妥当ではなく，条件付遺贈又は負担付遺贈とみるべきであると考える。

（松本　智子）

第8　遺留分侵害額請求権の期間の制限

1　改正民法と旧法

〔改正民法〕

　（遺留分侵害額請求権の期間の制限）

　第1048条　遺留分侵害額の請求権は，遺留分権利者が，相続の開始及び<u>遺留分を侵害する</u>贈与又は遺贈があったことを知った時から1年間行使しないときは，時効によって消滅する。相続開始の時から10年を経過したときも，同様とする。

第4章　遺留分制度の見直し

〔旧法〕

> （減殺請求権の期間の制限）
> 第1042条　減殺の請求権は，遺留分権利者が，相続の開始及び減殺すべき贈与
> 　又は遺贈があったことを知った時から1年間行使しないときは，時効によっ
> 　て消滅する。相続開始の時から10年を経過したときも，同様とする。

2　改正の趣旨

遺留分の金銭債権化（遺留分侵害額請求権化）に伴う変更

3　改正の概要

規定の文言の変更にとどまり，実質的な変更はなされていない。

4　改正の内容

遺留分侵害額請求権の行使により生じる権利を金銭債権化することに伴い，遺贈や贈与の「減殺」を前提とした規定を逐次改めたものであり，実質改正はなされていない。

遺留分侵害額請求権（形成権であることは上述「第6　遺留分侵害額の請求」を参照）の権利行使については，旧法1042条と同様の短期間の権利行使制限に服するものとされた（旧法の解釈どおり）。

遺留分侵害額請求権の行使の際には，具体的金額の明示は不要であると解される。

旧法の裁判例では，時効期間の始期である，「減殺すべき贈与又は遺贈があったことを知った時」とは，単に遺贈又は贈与があったことを知ったのでは足りず，遺贈又は贈与が遺留分を侵害し，減殺することができるということまでを知ることを要する（大判明治38年4月26日民録11輯611頁，最判昭和13年2月26日民集17巻275頁，最判昭和57年11月12日民集36巻11号2193頁）とされており，この旧法上の判例による解釈は維持されると考えられる。

上記，遺留分侵害額請求権を行使することにより生じた具体的金銭債権については，民法の一般債権と同様の消滅時効の規律（旧法166条1項，167条1項，改正民法166条1項）に服することとなる。

具体的な金銭請求が，客観的に発生した具体的金銭請求権より少ない額の請求であった場合，一部請求の問題と同様に考えられる。遺留分権利者があえて金銭債権の一部を請求する旨を明らかにしていない場合は，具体的金銭債権全体に時効中断の効力が生じる（最判昭和45年7月24日民集24巻7号1177頁）。

5　実務上のポイント

実質的変更はない。

（松本　智子）

第9　その他

1　改正民法の対象となる相続の範囲

(1)　相続開始時が施行日後の相続について適用

改正民法の施行日以後に開始した相続について，改正民法が適用される（附則1条）。

施行日前に開始した相続については，なお従前の例による（附則2条）。

(2)　改正民法施行日までに作成された遺言による遺贈，死因贈与

改正民法施行日までに作成された遺言や死因贈与契約についても，遺言者・贈与者たる被相続人の死亡が，改正民法の施行日以後であれば，改正民法の適用となる。

旧法を前提として作成された遺言においては，遺留分権利者から遺留分減殺請求がなされた場合には，物権的効果が発生し，対象物件に対する共有持分（準共有持分）を持たれることを前提に，これによる紛争を回避する配慮がなされて作成されている場合がある。そのため，遺言者が健在であれば，遺言を作成し直す必要があるかどうか，検討が必要である。

特に，旧法における遺留分減殺順序の指定を遺言している場合において，特定の相続財産（不動産・預金・株式）の遺贈を指定している場合，改正民法下でこの法的効力をどう考えるか問題となる。遺留分侵害額請求権が金銭債権化されたことを前提に，当該対象財産を取得した受遺者らが遺留分侵害額

第4章 遺留分制度の見直し

請求の対象となることを指定し，その者に対する金銭請求をさせる趣旨のみ記載とみるのか，遺留分権利者に当該対象財産を取得させることにより遺留分侵害額請求を満足させる趣旨の記載とみるのか，遺言者の意思を探求することとなる。また，その法的性質について遺留分侵害額請求のあったことを条件付遺贈又は負担付遺贈として有効となるのか等が問題となろう。

2　改正されなかった残された問題

　遺産分割財産がある場合，遺産分割事件は家庭裁判所の審判対象であるが，遺留分事件は地方裁判所の裁判対象であることから，同じ事実関係について二つの裁判所で各々審理され判断される。そこで，遺留分侵害額請求事件も家庭裁判所の審理対象とし，遺産分割手続との併合を可能にしてはどうかと検討されたが，見送られた。

　また，遺留分算定において，寄与分を考慮することも検討されたが，見送られた。

3　遺留分の放棄

　内容変更なしで，条文の位置が旧法1043条から改正民法1049条へ変更された。

（遺留分の放棄）

第1049条　相続の開始前における遺留分の放棄は，家庭裁判所の許可を受けたときに限り，その効力を生ずる。

2　共同相続人の一人のした遺留分の放棄は，他の各共同相続人の遺留分に影響を及ぼさない。

（松本　智子）

第5章 相続の効力等に関する見直し

第1 共同相続における権利の承継の対抗要件

〔改正民法〕

(共同相続における権利の承継の対抗要件)

第899条の2

1 相続による権利の承継は，遺産の分割によるものかどうかにかかわらず，次条及び第901条の規定により算定した相続分を超える部分については，登記，登録その他の対抗要件を備えなければ，第三者に対抗することができない。

2 前項の権利が債権である場合において，次条及び第901条の規定により算定した相続分を超えて当該債権を承継した共同相続人が当該債権に係る遺言の内容（遺産の分割により当該債権を承継した場合にあっては，当該債権に係る遺産の分割の内容）を明らかにして債務者にその承継の通知をしたときは，共同相続人の全員が債務者に通知をしたものとみなして，同項の規定を適用する。

〔附則〕

(共同相続における権利の承継の対抗要件に関する経過措置)

第3条

第1条の規定による改正後の民法（以下「新民法」という。）第899条の2の規定は，施行日前に開始した相続に関し遺産の分割による債権の承継がされた場合において，施行日以後にその承継の通知がされるときにも，適用する。

第 5 章　相続の効力等に関する見直し

1　改正の趣旨

　(1)　現行の判例を前提とすると，遺言がある場合には，遺言がない場合に比べて，相続債権者や被相続人の債務者の法的地位が相当不安定なものとなっている。

　すなわち，遺言がない場合（遺産分割が必要になる場合）には，遺産分割により相続分と異なる権利を取得した相続人は，登記を経なければ，分割後に当該不動産につき権利を取得した第三者に対し，自己の権利の取得を対抗することができないとされている（最判昭和46年 1 月26日民集25巻 1 号90頁）。

　これに対して，遺言がある場合でも，「遺贈」による不動産の取得については，登記をしなければこれを第三者に対抗することはできないとしているが（最判昭和39年 3 月 6 日民集18巻 3 号437頁等），「相続分の指定」による不動産の権利の取得については，登記なくしてその権利を第三者に対抗することができるとし（最判平成 5 年 7 月19日家月46巻 5 号23頁等），また，いわゆる「相続させる」旨の遺言については，特段の事情のない限り，「遺産分割方法の指定」（民法908条）に当たるとした上で，「遺産分割方法の指定」そのものに遺産分割の効果を認め，当該遺言によって不動産を取得した者は，登記なくしてその権利を第三者に対抗することができるとしている（最判平成14年 6 月10日家月55巻 1 号77頁等）。

　このような「相続分の指定」や「遺産分割方法の指定」に関する判例の考え方を貫いた場合，相続人はいつまでも登記等なくして第三者にその所有権を対抗することができることになりかねず，法定相続分による権利の承継があったと信頼した第三者が不測の損害を被るなど，取引の安全を害するおそれがあり，ひいては不動産登記制度や強制執行制度に対する信頼が損なわれることになりかねない。

　また，「相続分の指定」や「遺産分割方法の指定」による承継の法的性質は包括承継ではあるものの，被相続人の意思表示が介在し，その処分性が認められるものについては，対抗要件を要するとすることにも合理性が認められる。

　そこで，遺言の有無にかかわらず相続分を超える権利の承継に関する理解を整理し，対抗要件主義を採用することとしたものである。

146

第1 共同相続における権利の承継の対抗要件

(2) また，相続によって債権を承継した場合，対抗要件の具備方法について民法467条と同様の規律によると，被相続人の地位を包括的に承継した相続人全員による通知等によることとなるが，受益相続人以外の他の共同相続人の中に非協力的な者がいる場合に対抗要件を具備することが困難になるため，対抗要件の具備方法について特則も設けたものである。

2　改正の内容

(1) 相続による権利の承継は，遺産分割によるものかどうかにかかわらず，法定相続分を超える部分については，登記，登録その他の対抗要件を備えなければ，第三者に対抗することができない（改正民法899条の2第1項）。

　ア　本項の適用対象となる権利変動について特段の限定はなく，知的財産権などの登録が対抗要件となる権利等もその対象に含まれる。

　イ　債権を承継した場合，本項に基づく対抗要件としては，民法467条に従い，被相続人の地位を包括的に承継した共同相続人全員による通知や債務者の承諾によることとなり，債務者以外の第三者対抗要件としては，確定日付のある証書が必要である。

(2) 債権を承継する場合の対抗要件具備方法の特則として，法定相続分を超えて債権を承継した共同相続人が下記①②の内容を明らかにして債務者にその承継の通知をしたときは，共同相続人の全員が債務者に通知をしたものとみなされる（改正民法899条の2第2項）。

　①　遺言による場合　　　当該債権に係る遺言の内容
　②　遺産分割による場合　当該債権に係る遺産分割の内容

　ア　本項は，譲受人による通知等を債権譲渡の対抗要件としている債権のみに適用され，不動産の賃貸借のような登記等を対抗要件とする債権については適用されない。

　イ　本項が「同項（第1項）の規定を適用する」としていることから，本項に基づく通知においても，債務者以外の第三者対抗要件としては確定日付のある証書が必要である。

　ウ　単に遺言の内容を通知するだけでは足りず，客観的に遺言等の有無や内容を判断できるような方法，例えば，受益相続人が遺言書の原本を提示し，債務者の求めに応じて，債権の承継を記載している部分の写しを交付す

第5章　相続の効力等に関する見直し

る等の方法が想定されている[1]（部会資料26-2・10頁）。

3　実務上のポイント

(1)　対抗要件主義の適用範囲

　ア　改正民法899条の2第1項は，「法定相続分を超える部分」について対抗要件主義を採用したものであるから，いわゆる「共同相続と登記」に関して，共同相続人は自己の法定相続分につき登記なくして第三者に対抗できるとする考え（最判昭和38年2月22日民集17巻1号235頁）に変更はない。

　イ　また，いわゆる「相続放棄と登記」に関しても，本改正に際して見直しの議論はなされておらず，相続放棄は何人に対しても登記等なくしてその効力を生じるとの考え（最判昭和42年1月20日民集21巻1号16頁）にも変更がないと考えられる。

　ウ　遺贈については，同項の規定ぶりからは，適用範囲か否かが判然としないが，中間試案後に遺贈がその対象からはずされた経緯に照らすと，適用対象外というのが立案担当者の理解と思われる[2]。ただし，特に債権の承継の対抗要件具備に関する同条2項の適用の観点からは，遺贈にも類推適用されるとの見解がある（潮見佳男著『詳解相続法』（弘文堂，2018年）495頁）。

(2)　不動産等の対抗要件具備の時期

　従前，法定相続分を超えて「相続させる」旨の遺言がなされている場合でも，前記の「遺産分割方法の指定」に関する判例の理解を前提に不動産の所有権移転登記手続を放置するケースが散見されたが，本改正を機に速やかに登記手続を経ることが求められる。

---

[1]　「遺言の内容を明らかにして」という法文にしたのは，遺言書の原本そのものを交付しなければ対抗要件を具備したことにならないという厳格な解釈がなされないようにしたもの（議事録26・15頁）。

[2]　部会資料17・7頁においては「遺贈のように特定承継であることが明らかなものについては，現行法と同様，民法第177条等の適用範囲に含めるのが相当である。そこで，本部会資料では，遺贈は本規律の対象から除外する」とされており，その後，改正民法899条の2第1項とほぼ同じ規定が登場した部会資料24-1・17頁に関しても「本方策による見直しは，現行の判例法理のうち，遺言（遺産分割方法の指定，相続分の指定）による権利の承継があった場合には，第三者との関係でも，それ以外の相続人は完全な無権利者（法定相続分を前提とした権利の承継はないこと）として取り扱われるという点を見直すことを意図したもの」（部会資料24-2・36頁）とされており，立案担当者は遺贈を同項の適用対象には含めない態度である。

(3) 債権の承継についての債務者対抗要件等

　ア　債権を承継した相続人から改正民法899条の２第１項あるいは２項に基づいて通知がされた場合において，債務者としては，相続人であることや相続人の範囲について証明を求めたが，その証明がなされない場合には債務者対抗要件を具備しないと考えられる。

　イ　また，同条２項に基づく通知がされた場合，遺言等の内容を明らかにするに足りるかどうかは，第一次的には債務者の判断にならざるを得ず，もしその判断を誤って弁済をした場合には，いわゆる準占有者に対する弁済としての保護対象にはなり得る。

　ウ　以上の点に鑑みると，特に債務者を金融機関とする債権を承継した相続人が対抗要件を具備するためには，所定の通知と共に，戸籍謄本等の相続関係を明らかにする書面や自筆証書遺言，公正証書遺言，遺産分割審判，遺産分割協議書等の遺言・遺産分割の内容を明らかにする書面を交付することが実務上望ましいと思われる。

(4) 適用関係

　施行日前に相続が開始した場合であっても，遺産分割により債権の承継がなされ，その承継の通知が施行日以後になされる場合には，改正民法899条の２が適用され，同条２項の通知によることも可能である。

（小池　裕樹）

第2　相続分の指定がある場合の債権者の権利の行使

〔改正民法〕

> （遺言による相続分の指定）
> 第902条　被相続人は，前２条の規定にかかわらず，遺言で，共同相続人の相続分を定め，又はこれを定めることを第三者に委託することができる。
> （相続分の指定がある場合の債権者の権利の行使）
> 第902条の２　被相続人が相続開始の時において有した債務の債権者は，前条の規定による相続分の指定がされた場合であっても，各共同相続人に対し，第900条及び第901条の規定により算定した相続分に応じてその権利を行使

第5章　相続の効力等に関する見直し

することができる。ただし，その債権者が共同相続人の一人に対してその指
定された相続分に応じた債務の承継を承認したときは，この限りでない。

〔旧法〕

（遺言による相続分の指定）
第902条　被相続人は，前2条の規定にかかわらず，遺言で，共同相続人の相
　　続分を定め，又はこれを定めることを第三者に委託することができる。ただ
　　し，被相続人又は第三者は，遺留分に関する規定に違反することができな
　　い。

1　改正の趣旨

　旧法は，相続分指定について，民法899条において「各共同相続人は，その
相続分に応じて被相続人の権利義務を承継する。」と規定した上で，902条に
おいて「被相続人は，前2条の規定（法定相続分に関する規定）にかかわらず，
遺言で，共同相続人の相続分を定め……ることができる。」と規定している。
　この場合の相続債務の扱いについて，判例（最判平成21年3月24日民集63巻
3号427頁）は，その理由中の判断において，遺言により相続分の指定がある
と考えられる場合，相続人間においては当該指定相続分の割合で相続債務も
承継するとしつつ，他方，相続債権者に対しては相続分指定の効力を及ばせ
ることなく，指定相続分・法定相続分のどちらを前提に請求するかを相続債
権者の選択に委ねている。
　改正民法は，上記判例の考え方を明文化し，相続債務の承継割合に関する
規律を明確にするものである。

2　改正の内容

　(1)　被相続人が相続開始の時において有した債務の債権者は，相続分が指
定された場合でも，各共同相続人に対し，法定相続分に応じてその権利を行
使することができるが（改正民法902条の2本文），以下の点に留意が必要であ

150

る。

① 相続債務が可分であることが前提となる。

② 共同相続人間の内部的な負担割合は指定相続分による。したがって，その負担割合を超えて弁済した相続人は，他の相続人に対し，超過弁済分を求償することができる。

(2) ただし，その債権者が共同相続人の一人に対してその指定相続分に応じた債務の承継を承認したときは，当該債権者に対しても相続分指定の効力が及ぶことになる（改正民法902条の2ただし書）。

(3) 旧法902条ただし書の意味については，議論のあるところであるが，相続分指定により遺留分が侵害された場合には遺留分減殺請求により保護すれば足りることから，同規定を削除するものである。

(4) 施行日以降に生じた相続に関して適用される。

3　実務上のポイント

改正民法902条の2の適用の前提として，いかなる場合に相続分の指定がなされたとみるかが問題である。特に，特定の相続財産を特定の相続人に「相続させる」旨の遺言がある場合において，遺産分割方法の指定のみならず相続分の指定を伴うと解釈される場面については旧法上も議論があるところである。改正法の審議において，遺産分割方法の指定と相続分の指定の関係について整理する試みがなされたが，結論には至らず，今後の解釈に委ねられることとなった。

（小池　裕樹）

第3　遺言執行者がある場合における相続人の行為の効果等

〔改正民法〕

（遺言の執行の妨害行為の禁止）
第1013条　遺言執行者がある場合には，相続人は，相続財産の処分その他遺言の執行を妨げるべき行為をすることができない。

第 5 章　相続の効力等に関する見直し

　　2　前項の規定に違反してした行為は，無効とする。ただし，これをもって善
　　意の第三者に対抗することができない。
　　3　前 2 項の規定は，相続人の債権者（相続債権者を含む。）が相続財産につ
　　いてその権利を行使することを妨げない。

〔旧法〕

　（遺言の執行の妨害行為の禁止）
　第1013条　遺言執行者がある場合には，相続人は，相続財産の処分その他遺言
　　の執行を妨げるべき行為をすることができない。

1　改正の趣旨

　遺言の内容を知り得ない第三者の取引の安全等を図る観点から，遺言執行
者がある場合に相続人がした相続財産の処分その他遺言の執行を妨げる行為
の効力を見直すこととした。

2　改正の概要

　遺言執行者がある場合に相続人がした遺言執行の妨害行為について，旧法
における解釈と同様，遺言に反する相続人の行為は無効としつつ，取引の安
全を図る観点から，善意者保護規定を設けた。
　また，相続債権者を含め，相続人の債権者は，遺言執行者の有無にかかわ
らず，相続財産に対しその権利を行使することができるものとした。

3　改正の内容

(1)　旧法下の解釈

　旧法1013条の下，遺言執行者がある場合において，相続人が相続財産の処
分その他遺言の執行を妨げる行為をしたときは，判例は，その効果を絶対無
効であるとしている（大判昭和 5 年 6 月16日民集 9 巻550頁）。
　他方で，判例は，遺言者が不動産を第三者に遺贈して死亡した後に，相続
人の債権者が当該不動産の差押えをした事案について，遺言執行者がない場
合には，受遺者と相続人の債権者とは対抗関係に立つとしている（最判昭和

152

第3 遺言執行者がある場合における相続人の行為の効果等

39年3月6日民集18巻3号437頁)。

これらの判例の考え方によると，遺贈がされた場合において相続人が遺言に反して相続財産を処分したときは，遺言執行者があれば遺贈が絶対的に優先して対抗関係は生じないのに対し，遺言執行者がなければ対抗関係に立つことになる。

この結果，遺言執行者がある場合には，遺言の存否及び内容を知り得ない第三者に対し，不測の損害を与え，取引の安全を害するおそれがある。

(2) 善意の第三者保護規定

改正民法は，旧法と同様，遺言執行者がある場合には，相続人がした遺言執行の妨害行為は無効であるとしつつ，遺言の内容を知り得ない第三者の取引の安全を図る観点から，旧法の絶対無効とする立場を改め，善意者保護規定を設けた（改正民法1013条2項ただし書)。

この結果，例えば，相続人A，Bがある遺言者が，第三者Cに対し甲不動産を遺贈する旨の遺言を作成した後死亡し，かつ，Aが遺言執行者に就任していた場合において，Bが第三者Dに対し甲不動産のB持分を譲渡したときは，旧法下では，Dは，甲不動産について何らの権利を取得することができない。

これに対し，改正民法によれば，Dが善意である場合には，甲不動産の2分の1の持分について，二重譲渡があったのと同様の状態が作出され，BD

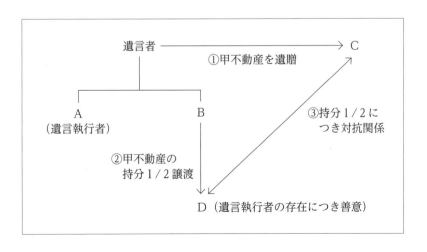

153

間においては対抗問題により所有権の帰属が確定されることとなる。

(3) 第三者保護の要件

この場合の第三者保護要件については，第三者に遺言の内容に関する調査義務を負わせるのは相当でないことから，善意であれば足り，無過失は要求されない（中間試案の補足説明49頁）。

また，善意者保護規定によって治癒されるのは前主である相続人の無権限であるから，善意の対象は，遺言執行者がいることを知らないことである。

したがって，遺言の存否及び内容に関する知・不知は善意の対象とならない（部会資料17・25頁）。

(4) 債権者保護規定

旧法下においても，遺言執行者がある場合に，相続債権者や相続人の債権者が遺言執行の妨害行為に当たる方法で相続財産に対し権利を行使することができるかは，従前の最高裁の判例からは明らかでなかった。

改正民法1013条2項ただし書の規律を採用した場合，相続人の債権者が相続財産に対し権利を行使することができるかという問題はより顕在化する。

相続債権者や相続人の債権者が遺言の内容に反して相続財産に対し権利を行使することができるか否かの結論が，債権者の関知しない，遺言執行者の有無により左右されるとなれば妥当でない。

そこで，改正民法は，相続債権者及び相続人の債権者は，いずれも，遺言執行者がある場合であっても，遺言執行者の有無に関する善悪を問わず，相続財産に対する権利を行使することができるものとされた（改正民法1013条2項）。

(5) 施行日

本条に関する改正民法は，令和元年7月1日から施行され，施行日以降に開始した相続に適用される（附則2条）。

4　実務上のポイント

遺言執行者がある場合の相続人による相続財産の処分について善意者保護規定が設けられたが，相続人と取引をする第三者が保護されるか否かは善意か否かの認定にかかるところ，無用なトラブルに巻き込まれることのないよう注意すべきことは変わらないと思われる。

第3　遺言執行者がある場合における相続人の行為の効果等

　相続人の債権者は，相続財産に対する権利行使が可能であることが明確化されたことから，今後は安心して強制執行を行うことを検討できるであろう。逆にいえば，遺言執行者は迅速な遺言の執行が重要となろう。

（安部　将規）

第1 特別の寄与

第6章　特別の寄与

第1　特別の寄与（民法1050条の新設）

第1050条　被相続人に対して無償で療養看護その他の労務の提供をしたことにより被相続人の財産の維持又は増加について特別の寄与をした被相続人の親族（相続人，相続の放棄をした者及び第891条の規定に該当し又は廃除によってその相続権を失った者を除く。以下この条において「特別寄与者」という。）は，相続の開始後，相続人に対し，特別寄与者の寄与に応じた額の金銭（以下この条において「特別寄与料」という。）の支払を請求することができる。

2　前項の規定による特別寄与料の支払について，当事者間に協議が調わないとき，又は協議をすることができないときは，特別寄与者は，家庭裁判所に対して協議に代わる処分を請求することができる。ただし，特別寄与者が相続の開始及び相続人を知った時から六箇月を経過したとき，又は相続開始の時から1年を経過したときは，この限りでない。

3　前項本文の場合には，家庭裁判所は，寄与の時期，方法及び程度，相続財産の額その他一切の事情を考慮して，特別寄与料の額を定める。

4　特別寄与料の額は，被相続人が相続開始の時において有した財産の価額から遺贈の価額を控除した残額を超えることができない。

5　相続人が数人ある場合には，各相続人は，特別寄与料の額に第900条から第902条までの規定により算定した当該相続人の相続分を乗じた額を負担する。

1　本条新設の趣旨

例えば，相続人の妻が被相続人である義父の療養看護に努めた場合でも，遺産分割手続において，相続人でない以上は寄与分を主張することはできない（民法904条の2）。また，推定相続人であった夫が既に死亡している場合には，妻の貢献を夫の寄与分として考慮することもできない。その結果，療養

157

看護等を全く行わなかった者が相続人として遺産の分割を受ける一方で，実際に療養看護等に努めた妻は，相続人ではないという理由で，その分配にあずかれないとの不公平な結果を招来する。

　このような相続人以外の者による被相続人への特別の貢献に対しては，遺言・養子縁組や契約の利用によって解決することも可能である。しかしながら，相続人以外の者が，被相続人に対し，これらの方法をとることを依頼することが心情的に困難な場合や，他の相続人から反対の意見が述べられることにより，被相続人がこれらの方法をとることができない場合も十分予想されるところである。そして，遺言・養子縁組や契約が利用されなかった場合に，事務管理や不当利得を根拠として権利内容を実現することが相続人以外の者に残された唯一の方法であるとすることは，療養看護に伴う費用の額や利得額を客観的に算定することが困難であることを考えると，相続人以外の者に対して酷に失する場合もある。

　そこで，遺言・養子縁組や契約が認められない場合であっても，実質的公平の観点から，無償の労務提供により，被相続人の財産の維持又は増加について特別の寄与をした相続人以外の者については，相続人に対して金銭の支払を請求できることとした。

2　請求権者の要件

(1)　被相続人の親族

　本条1項は，金銭の支払を請求できる者について，「被相続人の親族」と規定した。

　請求権者の範囲を限定すべきかどうか，また，どのように限定すべきかについては起草過程において様々な議論がなされたが，相続財産の分配は，相続人が不存在の場合を除き，被相続人と一定の身分関係がある者の間で行うということが民法の規律に整合するし，被相続人と何らの身分関係がない者を請求権者に加えることは，相続をめぐる紛争の複雑化・長期化を招き相当でないとの考えにより，「被相続人の親族」という要件が設けられた。これにより，被相続人の内縁の配偶者やその連れ子は請求権者には含まれないことになる。

　他方，請求権者が「被相続人の親族」とされたことで，被相続人の「6親

等内の血族，配偶者，3親等内の姻族」であれば請求権者に含まれることになる。したがって，子の配偶者（1親等の姻族），先順位の相続人がいる場合の兄弟姉妹（2親等の血族），被相続人の配偶者の連れ子（1親等の姻族）などは，請求権者に含まれることとなる。

(2) 療養看護その他の労務の提供

本条1項は，「被相続人に対して無償で療養看護その他の労務の提供をしたこと」を特別寄与者の要件としている。「療養看護」は，「労務の提供」の例示として挙げられているのであって，療養看護以外の労務の提供があった場合も，本条の寄与と認められる。

ア 被相続人の事業に関する労務の提供

被相続人が経営する農家その他の自営営業に従事していたことは本条1項の「労務の提供」と認められる。もっとも，事業に関して労務を提供した場合には，対価を得ているのが通常であり，その意味では無償の労務の提供とはいえず，特別寄与者とは認められない場合が多いであろう。

イ 被相続人に対する財産上の給付

寄与分に関する民法904条の2第1項は，労務の提供以外に「財産上の給付」を寄与行為として認めているが，本条1項は，「財産上の給付」を寄与行為として規定していない。

よって，被相続人の生前に生活費その他の金銭を支給していたとしても，本条の寄与行為とは認められない。また，被相続人の生前にその療養看護費を支払っていた場合にも，本条の「療養看護」とは認められないであろう。

(3) 無償の労務提供

ア 無償の意義

「無償」とは，被相続人から労務提供の対価を得ていないことをいう。この点で，労務の提供者が，被相続人の財産で生活をしているが，特段労務提供の対価を得ていない場合には，無償性は否定されないであろう。また，労務提供の対価としての給料が支払われていないが，毎月小遣いが支給されている場合についても，小遣いが労務提供の対価に該当しない以上，無償性は否定されない。もっともこれらの事情は，本条3項の「その他一切の事情」として，特別寄与料の額の決定するに際して斟酌されることになろう。

159

第6章　特別の寄与

イ　少額の対価の取扱い

労務提供の対価を得ているのであれば，それが相当な対価でなかったとしても，原則として，無償性は否定されることになる。しかし，非常に少額の金銭などが支払われているにすぎない場合にまで，無償性を否定することは妥当でなく，労務提供の対価といえるかどうかは実質的に判断されるべきである。

ウ　遺言・生前贈与との関係

被相続人が，労務の提供に対する報いとして，遺言や生前贈与によって一定の財産を付与していた場合には，当該親族は，労務の提供について対価を得たものとして，特別寄与者に該当しない。

(4)　被相続人の財産の維持又は増加

特別寄与者の金銭請求は，不利益を受ける相続人が存在しない特別縁故者制度とは異なり，各相続人に一定の負担を課すものである。よって，金銭請求が認められるためには，無償の労務提供があっただけでなく，被相続人の財産の維持又は増加について特別の寄与があったこと（その結果，各相続人が相続によって取得する財産の維持又は増加があったこと）が要件とされる。この点は，民法904条の2第1項の寄与分と同様である。

(5)　特別の寄与

相続財産の維持増加に対する特別の貢献があることをいう。

寄与分（民法904条の2第1項）における「特別の寄与」とは，被相続人と相続人との身分関係において通常期待される程度の貢献を超える貢献を意味する。通常の寄与はもともと相続分の基礎に組み入れられており，相続分を修正する要素にならないからである。本条1項も，寄与分と同様に「特別の寄与」という文言を用いているが，相続人以外の者を主体とすることから，相続人による通常の寄与を基準としそれを超えるかどうかという相対的基準をとることができない。そこで，本条1項の「特別の寄与」で要求される貢献の程度が問題となり，また，それが現行の寄与分と同程度なのか，それよりも高いのか，低いのかが問題とされた。

この点，立案担当者からは，本条1項が，相続人でない者を主体としているにもかかわらず，あえて「特別の寄与」という要件を設けていることから，請求が認められる場合を，金銭の支払請求を認めなければ不公平であるよう

な著しい寄与がなされた場合に限定すべきであるとの指摘がなされていた。

しかし，本条1項は，被相続人に対して義務を負っていない相続人以外の者が，相続財産の維持増加について貢献をした場合に，その貢献に見合う金額の請求を認めることが実質的公平に適合するとの趣旨に基づいて規定されたものである。そうすると，一定程度以上の著しい寄与が認められない場合でも，相続財産の維持増加について貢献が認められれば，それを「特別の貢献」と考え，相続人との関係で清算させることが，本条の趣旨に合致するところであろう。よって，本条1項の「特別の寄与」については，これを現行の寄与分よりも高い貢献が要求する趣旨ではなく，現行の寄与分と同程度の貢献が認められるのであれば，「特別の寄与」が認められるべきである。

(6) 特別寄与者から除外される者

本条1項では，「相続人，相続の放棄をした者及び第891条の規定に該当し又は廃除によってその相続権を失った者」が特別寄与者から除外されている。

相続人が特別寄与者から除外されているのは，本条の趣旨から当然である。

また，相続放棄をした者は，相続人になり得たがならなかった者であるし，債務の承継をすることなく特別寄与料の請求のみをするのは不当であるから，除外された。欠格事由に該当する者や廃除された相続人は，そもそも相続人になれなかった者として，これらを特別寄与者として救済する必要性は乏しいと考えられ，排除された。

3　権利行使期間の制限

(1) 権利行使期間を短期に制限した理由

相続をめぐる紛争の複雑化，長期化を防止する必要があるとともに，真に保護されるべき貢献の認められる者であれば，通常は相続開始の事実を知り得ると考えられることから，権利行使期間を短期間に制限したものである。

(2) 権利行使期間の起算点

本条2項ただし書は，「相続の開始」だけでなく「相続人」を知った時を権利行使期間の起算点としている。これは，特別寄与者が被相続人の死亡を知ったものの相続人の存在を覚知できなかった場合や，特別寄与者が金銭の支払を請求していた相続人が特別寄与者の知らないうちに相続放棄をしていたような場合に，期間の徒過を理由に，特別寄与者が新たに認知した相続人

161

第6章 特別の寄与

に対する支払請求を否定することは相当でないからである。

　このことから，6か月の権利行使期間は，請求の相手方となる相続人ごとに個別に計算される。

4　権利行使手続

　特別寄与者の権利行使手続は，寄与分についての審理・判断と同様に，寄与の時期，方法及び程度，相続財産の額その他一切の事情を考慮することが必要になるため，家庭裁判所において取り扱うものとされた。

5　遺贈との関係

　本条4項は，「特別寄与料の額は，被相続人が相続開始の時において有した財産の価額から遺贈の価額を控除した残額を超えることができない。」と定め，特別の寄与に基づく金銭の支払よりも遺贈を優先させることとした。被相続人の意思による財産処分を本条1項による金銭の支払請求に優先させたものであり，寄与分に関する民法904条の2第3項と同趣旨の規定である。

6　相続人が数人ある場合

　相続人が数人ある場合でも，特別寄与者は相続人全員を相手とすることなく，特定の相続人に対して，当該相続人が負担すべき金銭の支払を請求できる。この場合，各相続人に対する個別の請求権の決定のみが審判事項となり，特別寄与者の全相続人に対する総額の決定が審判事項となるものではない。

（井口　喜久治）

第2　特別の寄与に関する審判事件（家事事件手続法の新設規定）

　　　　　第18節の2　特別の寄与に関する審判事件
　（管轄）
　第216条の2　特別の寄与に関する処分の審判事件は，相続が開始した地を管
　　轄する家庭裁判所の管轄に属する。
　（給付命令）
　第216条の3　家庭裁判所は，特別の寄与に関する処分の審判において，当事

第2　特別の寄与に関する審判事件

者に対し，金銭の支払を命ずることができる。
（即時抗告）
第216条の4　次の各号に掲げる審判に対しては，当該各号に定める者は，即
　　時抗告をすることができる。
　　一　特別の寄与に関する処分の審判　申立人及び相手方
　　二　特別の寄与に関する処分の申立てを却下する審判　申立人
（特別の寄与に関する審判事件を本案とする保全処分）
第216条の5　家庭裁判所（第105条第2項の場合にあっては，高等裁判所）は，
　　特別の寄与に関する処分についての審判又は調停の申立てがあった場合に
　　おいて，強制執行を保全し，又は申立人の急迫の危険を防止するため必要が
　　あるときは，当該申立てをした者の申立てにより，特別の寄与に関する処分
　　の審判を本案とする仮差押え，仮処分その他の必要な保全処分を命ずること
　　ができる。
　　第233条第1項中「別表第2の15の項」を「別表第2の16の項」に改める。
　　第240条第2項中「別表第2の16の項」を「別表第2の17の項」に改める。
　　別表第1の109の項中「算定する」の下に「ための財産の価額を定める」を
　加え，「第1029条第2項」を「第1043条第2項」に改める。
　　別表第1の110の項中「第1043条第1項」を「第1049条第1項」に改める。
　　別表第2の生活保護法等の部中16の項を17の項とし，同表の厚生年金保険法
　の部中15の項を16の項とし，同表の遺産の分割の部の次に次の一部を加える。

特別の寄与		
15	特別の寄与に関する処分	民法第1050条第2項

1　特別の寄与に関する処分の事件の法的性格

　特別寄与者に支払われる金銭の額については，要件事実の存否により一義
的に定められるものではなく，裁判所が「寄与の時期，方法及び程度，相続
財産の額その他一切の事情を考慮して」，その裁量により定めるものである。
この点で，特別の寄与に関する処分の事件は，非訟事件の性格を有する。

2 金銭支払請求の相手方

相続人が数人ある場合でも，特別寄与者は相続人全員を相手とすることなく，特定の相続人に対して，当該相続人が負担すべき金銭の支払を請求できる。

この点，全相続人に対する総額の決定を審判事項であるとした上で，全相続人を相手方とする必要的共同審判とするとの規律を採用することも考えられる。しかし，このような規律を採用すると，特別寄与者の配偶者など，金銭請求をする意思のない相続人をも相手方とする必要が生じるため，特別寄与者の意思を尊重することとし，このような規律は採用されなかった。

3 遺産分割の審判・調停手続との関係

特別寄与者の金銭支払請求は，寄与分についての審理・判断との類似性から，家庭裁判所が管轄裁判所とされた。そこで，遺産分割と寄与分に関する規律（家事事件手続法192条）と同様に，併合強制の規律を設けることも考えられるが，特別寄与者であると主張する者の主張内容には様々なものが考えられるため，事案の内容に応じて家庭裁判所に柔軟な裁量を認めることが，相続をめぐる紛争全体の早期解決に資すると考えられる。

そこで，家庭裁判所が寄与分及び遺産分割の審判・調停手続と併合して審理を行うか，併合せず個別に審理を行うかについては，その裁量に委ねることとし，併合強制の規律を設けていない。

(井口 喜久治)

事項別索引

〔あ行〕

遺言執行者　70, 73, 74, 77, 80, 84, 88〜, 151
　　——就職時の通知義務　90
　　——による預貯金債権の払戻・解約　95
　　——の権限　88〜
　　——の行為の効果　89, 96
　　——の復任権　89, 97
　　——の法的地位　92
遺言書　65〜, 147, 148
　　——の閲覧　70, 73, 74, 78, 81
　　——の返還　72
　　——の保管　69〜
遺言書検認の適用除外　74
遺言書情報　71
　　——の消去　71
遺言書情報証明書　72, 74, 75, 79, 81, 84
　　——交付請求権者　72, 84
　　——交付請求場所　73
　　——交付請求方法　74
遺言書保管官　70〜
遺言書保管事実証明書　74, 75, 81
遺言書保管所　69〜
遺言書保管制度　69
遺言書保管ファイル　71, 72, 74, 75, 78, 79, 81, 82, 84
遺言に反する相続人の行為の効果　151〜

遺言による相続分の指定　149, 150
遺言の執行の妨害行為の効果　151〜
遺産確認の訴え　58, 59, 60, 62, 63
遺産全体目録　50
遺産の一部分割　42, 47〜
遺産分割方法の指定　6, 39, 95, 122, 146, 148, 151
遺贈　2, 4, 6, 7, 8, 22, 26, 29, 31, 37〜, 54, 66, 67, 85〜, 99, 114, 130, 139, 143, 146, 148, 152, 153, 157, 162
　　——の履行　89, 94
遺留分　92, 99〜, 150, 151
　　——の帰属　101
　　——の金銭債権化　99〜, 104, 112, 113, 117, 119, 131, 142
　　——の法的性質　99
　　——の割合　124
　　——を算定するための財産の価額（基礎財産）　100〜, 120, 124, 128〜, 136, 138, 140
遺留分減殺請求　92, 99, 119, 120, 121, 122, 143, 151
遺留分権利者の具体的相続分　100, 128, 129
遺留分算定における債務の取扱い　101
遺留分算定の計算式　100
遺留分侵害額請求権の期間の制限　141

165

遺留分侵害額の請求　103, 117, 118, 119,
　141, 142

〔か行〕

害意のある贈与　107, 109, 111
確定日付のある証書　147
確認の利益　59, 60
仮分割　45, 46, 47, 51, 52
期限の許与　100, 131, 137, 139
共同相続と登記　148
共同相続における権利の承継の対抗要
　件　145
共同相続人　1, 3, 7, 10, 12, 17, 22, 25, 26,
　40〜, 73, 80, 84, 144, 145〜
共同相続人間の内部的な負担割合
　151
居住建物　1〜
　──の修繕等　17, 31
　──の費用の負担　18, 31
　──の返還等　19, 30
居住用不動産　37, 38, 39
居宅兼店舗　28, 38
寄与分　41, 53, 54, 100, 119, 124〜, 144,
　157〜
金銭支払請求　164
具体的相続分　2, 11, 23, 42, 50, 51, 52,
　53, 61, 62, 100, 119, 124〜
検認　69, 74, 81
後見的な役割　51, 53
婚姻期間　10, 37, 38, 39

〔さ行〕

残部分割　51, 52, 53, 54

自筆証書遺言　65〜, 70, 76, 149
　──加除訂正　67
　──方式緩和（例外要件）　65
　──保管制度　69
受遺者らの負担額　130, 131, 132
準占有者に対する弁済　149
使用貸借及び賃貸借の規定の準用　4,
　21
使用貸借等の規定の準用　30
処分財産　56, 57, 58, 59, 60, 61, 62
処分者　56, 58, 59, 60, 61, 62
審判による配偶者居住権の取得　10,
　11
全部分割　48, 49, 50
相続分の指定　101, 117, 119, 122, 130,
　133, 139, 146〜
相続債務　108, 124, 128, 134, 135, 136,
　138, 139, 150, 151
　──の承継割合　150
相続させる旨の遺言　39, 94, 120
相続人以外に対する贈与　107
相続人に対する贈与　106, 107, 108, 109,
　129
相続人の債権者による相続財産に対す
　る権利行使　151〜
相続分を超える権利の承継　146
相続放棄と登記　148
贈与税の特例　37, 38

〔た行〕

対抗要件　2, 8, 9, 13, 89, 95, 145〜
　──の具備方法　147
対抗要件主義　146, 148

——の適用範囲　148

他の共同相続人の利益を害するおそれ
　48, 50, 52

調停前置主義　50

特定財産承継遺言　89, 94～, 117, 130

特定遺言書保管所　70, 71, 78, 79

特別寄与者　157～

特別寄与料　157～

特別受益　10, 41, 51, 52, 53, 54, 100, 107,
　108, 109, 111, 124, 128, 129

特別受益者の相続分　37, 54

特別の寄与　54, 157～

〔は行〕

配偶者居住権　1～, 37, 38

——の簡易な評価方法　9

——の取得による配偶者短期居住権
　の消滅　29

——の存続期間　12, 13, 17, 32, 33, 34

——の登記等　13

配偶者短期居住権　1, 2, 4, 10, 13, 19, 22
　～

配偶者による使用及び収益　15

不相当な対価による有償行為　100,
　112, 114

負担付贈与　100, 112, 113, 114, 116, 117,
　132, 133

物件目録　14, 65

分割基準　49, 52

分割を禁止された遺産　49

包括承継　146

法定相続分　41, 43, 45, 47, 51, 55, 61,
　102, 109～

法務局における遺言書の保管等に関す
　る法律　69, 76, 83

〔ま行〕

みなし遺産　58, 59, 60, 62, 63

未分割遺産　53, 124

無封　70, 77

持戻し免除　2, 10, 29, 38, 39

〔や行・ら行〕

預貯金債権の仮分割　45

預貯金債権の払戻し　40

療養看護　157, 158, 159

労務の提供　157, 159, 160

監修者・執筆者

●監修者

増田 勝久（ますだ　かつひさ）【増田・飯田法律事務所】
1986年弁護士登録（38期）
略歴：法制審議会民法（相続関係）部会臨時委員，
　　　大阪弁護士会司法委員会委員長（現任）
主な著書：『Before/After 相続法改正』（共著，弘文堂，2019年），『家事事
　　　　　件手続法』（共著，有斐閣，2014年），『Ｑ＆Ａ家事事件手続法と
　　　　　弁護士実務』（編著，日本加除出版，2012年）

安元 義博（やすもと　よしひろ）【リード総合法律会計事務所】
1991年弁護士登録 (43期)
略歴：大阪弁護士会法制審議会民法相続関係部会バックアップチーム座長，
　　　大阪弁護士会家事法制委員会委員長（平成26年度，27年度）

●執筆者（執筆順）

中井 洋恵（なかい　ひろえ）【ひなた法律事務所】
1988年弁護士登録（40期）
略歴：大阪弁護士会法制審議会民法相続関係部会バックアップチーム委員，
　　　大阪弁護士会家事法制委員会委員長（現任）
主な著書：『別表第一審判事件の実務』（大阪弁護士会研修センター運営委
　　　　　員会編，新日本法規出版，2013年），『Ｑ＆Ａ家事事件手続法と
　　　　　弁護士実務』（共著，日本加除出版，2012年）

小池 裕樹（こいけ　ひろき）【さくら法律事務所】
2000年弁護士登録（52期）
略歴：大阪弁護士会法制審議会民法相続関係部会バックアップチーム委員，
　　　大阪弁護士会司法委員会委員（現任）

村島　雅弘（むらしま　まさひろ）【村島国際法律事務所】

2005年弁護士登録（58期）

略歴：大阪弁護士会法制審議会民法相続関係部会バックアップチーム委員，
　　　大阪弁護士会遺言・相続センター委員会委員（現任）

主な著書：『別表第一審判事件の実務』（大阪弁護士会研修センター運営委
　　　員会編，新日本法規出版，2013年），『遺言相続の落とし穴』（大
　　　阪弁護士会遺言・相続センター編，大阪弁護士協同組合，2013
　　　年）

村上　博一（むらかみ　ひろかず）【弁護士法人村上・新村法律事務所】

1997年弁護士登録（49期）

略歴：大阪弁護士会法制審議会民法相続関係部会バックアップチーム委員，
　　　関西学院大学大学院司法研究科教授，
　　　大阪弁護士会司法修習委員会委員（現任）
　　　司法委員会委員（現任）

主な著書：『改正民法を踏まえたQ＆A契約法』（監著，経済産業調査会，
　　　2019年），『相続法実務入門』（単著，関西学院大学出版会，2015
　　　年），『事業譲渡・会社分割による事業再生Q＆A』（編著，中央
　　　経済社，2015年）

田中　智晴（たなか　ともはる）【弁護士法人経営創輝】

2006年弁護士登録（59期）

略歴：大阪弁護士会法制審議会民法相続関係部会バックアップチーム委員，
　　　大阪弁護士会民事訴訟法の運用に関する協議会委員（現任），
　　　大阪弁護士会司法委員会（倒産法部会）委員（現任），
　　　全国倒産処理弁護士ネットワーク会員（現任）

主な著書：『株式会社・各種法人別清算手続マニュアル』（共編著，新日本
　　　法規出版，2019年），『Before/After 相続法改正』（共著，弘文
　　　堂，2019年），「ワンストップ執行（仮称）制度の提案（上）・
　　　（下）－債権者の満足を高める執行制度－」『銀行法務21　2016
　　　年2月号・3月号』（共著，経済法令研究会，2016年）

監修者・執筆者

山本　隼平（やまもと　じゅんぺい）【藤井薫法律事務所】

2011年弁護士登録（新64期）

略歴：大阪弁護士会法制審議会民法相続関係部会バックアップチーム委員，
　　　大阪弁護士会家事法制委員会副委員長（現任），
　　　大阪弁護士会司法委員会委員（現任），
　　　大阪弁護士会遺言・相続センター委員会委員（現任）

主な著書：『実践フォーラム破産実務』（共著，青林書院，2017年）

安部　将規（あべ　まさき）【アイマン総合法律事務所】

1998年弁護士登録（50期）

略歴：大阪弁護士会法制審議会民法相続関係部会バックアップチーム委員，
　　　大阪弁護士会司法委員会副委員長，
　　　大阪弁護士会民法改正問題特別委員会委員（現任），
　　　大阪弁護士会家事法制委員会委員（現任），
　　　大阪弁護士会民事訴訟の運用に関する協議会委員（現任）

主な著書：『Before/After 相続法改正』（共著，弘文堂，2019年），『Before
　　　／After 民法改正』（共著，弘文堂，2017年），『実務解説 民法
　　　改正』（大阪弁護士会民法改正問題特別委員会編，民事法研究
　　　会，2017年）

松本　智子（まつもと　ともこ）【久保井総合法律事務所】

2000年弁護士登録（52期）

略歴：大阪弁護士会法制審議会民法相続関係部会バックアップチーム委員，
　　　大阪家庭裁判所参与員，
　　　大阪弁護士会家事法制委員会委員（現任）

主な著書：「遺留分制度の改正と遺言による遺留分権利者への遺贈目的物
　　　の現物給付」『金融法務事情　No.2116』（きんざい，2019年），
　　　「相続と法実務　第4回　遺産分割前の遺産の処分　遺産の一
　　　部分割」『窪田・増田編　ジュリスト　No.1534』（有斐閣，2019
　　　年），『Before/After 相続法改正』（共著，弘文堂，2019年）

井口　喜久治（いぐち　きくじ）【井口喜久治綜合法律事務所】
2003年弁護士登録（56期）
略歴：大阪弁護士会法制審議会民法相続関係部会バックアップチーム委員，
　　　大阪弁護士会司法委員会倒産法部会委員（現任）
主な著書：『破産管財PRACTICE』（破産管財実務研究会編，民事法研究
　　　会，2017年），『破産法の法律相談』（木内道祥・小松陽一郎編，
　　　青林書院，2007年）

●大阪弁護士協同組合出版委員会
　藤岡　亮【川村・藤岡綜合法律事務所】　　2006年弁護士登録（59期）
　堀江　直樹【堀江法律事務所】　　　　　　1998年弁護士登録（50期）
　森野　慶彦【船場中央法律事務所】　　　　2010年弁護士登録（新63期）

実務家による改正法シリーズ①
改正相続法の解説

発行日　　2019年7月31日

編集・発行　　大阪弁護士協同組合
　　　　　　〒530-0047
　　　　　　大阪市北区西天満1-12-5
　　　　　　大阪弁護士会館内
　　　　　　ＴＥＬ　06-6364-8208
　　　　　　ＦＡＸ　06-6364-1693

印　刷　　株式会社ぎょうせい

定価（本体2,500円＋税）

MEMO